Werner Laaser

Im Sumpf der Politik

- Erkenntnisse eines Betroffenen -

Werner Laaser

Im Sumpf der Politik

- Erkenntnisse eines Betroffenen -

Umschlaggestaltung: Daniela Behr, Radeberg & Ute Kludig-Hempel, Tharandt
unter Verwendung eines Motivs von James Steidl © by Fotolia
1. Auflage 2009
Verlag DeBehr, Radeberg
ISBN-Nr. 978-3-941758-03-2

Inhalt

Vorwort

Nachdem ich meine berufliche Tätigkeit in der Qualitätssicherung eines Werkes für Stahlröhren beendet hatte, gingen mir viele Dinge durch den Kopf.
Um noch etwas Nützliches zu tun, entschloss ich mich, ein Buch zu schreiben, um meine Lebenserfahrungen festzuhalten. Es ist auch eine Analyse verschiedener gesellschaftlicher Systeme.

Mich beschäftigte schon lange das Schicksal meines Vaters und Großvaters. Beide wurden nach dem Kriegsende zu den Russen verschleppt und sind angeblich in der Sowjetunion verstorben. Die Wahrheit habe ich erst nach umfangreichen Recherchen nach der politischen Wende in Deutschland ermittelt.
Unter anderem anhand der Akteneinsicht im Sächsischen Staatsarchiv Dresden und mit der freundlichen Unterstützung durch Dr. Müller von der Stiftung Sächsische Gedenkstätten.

Aus Gründen des Datenschutzes wurden Namen geändert. Ich bitte um Verständnis.

Viele neue Erkenntnisse habe ich nach der „Wende“ gewonnen, auch durch den Besuch der Buchvorstellung von Achim Kilian „Mühlberg 1939-1948“, durch den Kontakt mit der Initiativgruppe „Gefangenenlager Mühlberg“ und die Teilnahme an Eröffnung von Ausstellungen dieser Initiativgruppe. Diesen Menschen bin ich sehr zu Dank verpflichtet. Zum einen, weil durch sie dieses Kapitel unserer Geschichte der Nachwelt in seiner ganzen Tragweite erhalten bleibt, zum anderen, da ich die Wahrheit über den Verbleib meiner Angehörigen ermitteln konnte.
Heute ist eine umfassende Information für jeden möglich, dies kann man nicht genug schätzen.

Nicht Ruhe ist die erste Bürgerpflicht, sondern Lernen und Wissen!

Meine Schulzeit 1944/45

Früher wurden die Kinder zu Ostern eingeschult.
1944 war das noch so. Ich war erst im Dezember 1943 fünf Jahre alt geworden. Die Zuckertüte, die es in diesen Kriegsjahren gab, konnte ich allein tragen. Was meine Eltern bewog, mich so zeitig in die Schule zu schicken, kann ich heute nicht mehr erfahren. Offensichtlich trauten sie mir schon zu, für den Lernalltag bereit zu sein.

Da die damalige Wasserturm-Schule in unserem Riesaer Stadtbezirk als Lazarett umfunktioniert worden war, gingen wir in die Pestalozzi-Schule, liebevoll einfach „Pesta" genannt. Dieser Spitzname hat sich bis in die Gegenwart erhalten. Wir kleinen Kerle hatten Mühe, in die für damalige Begriffe hohen Schulbänke zu gelangen.

Da nun Sachsen auch von dem Flächenbombardements der Amerikaner und Engländer ins Visier genommen wurde, war der Schulweg durch die ganze Stadt vom Flieger-Voralarm bis zum Hauptalarm zu lang. Wir erreichten nicht zeitig genug die Luftschutzkeller der Wohnhäuser. Also wurde in der Bergbrauerei Riesa, in unserem Kietz, wie es die Berliner sagen würden, ein Raum in ein Klassenzimmer umfunktioniert.

Tägliche Probealarme bei Lehrer Bohst dienten dazu, uns zu schulen, uns bei einem Fliegerangriff an einer geschützten Stelle hinzulegen. Nur gut, dass wir diese Dinge nur als Probealarm kennengelernt haben.
Also ging es im Laufschritt nach Hause, wenn die Sirene ertönte. Wir wurden dort schon sehnlichst erwartet.

Die Bombardierung Dresdens Jahre 1945

Ich weiß noch um die große Aufregung im ganzen Haus.
An dem Abend des 13. Februar schlief ich bei meiner Großmutter, die nebenan wohnte. Wir sahen besorgt, wie sich der Himmel über Dresden rötlich färbte. Dieser Anblick hat sich tief in meinem Gedächtnis eingeprägt. Nur gut, ich damals mit reichlich 7 Jahren die Tragweite dieses Schreckens noch nicht verstanden habe.
Mein Großvater war Mitglied des „Volkssturmes", der letzten vor Ort organisierten Truppe zur Verteidigung Deutschlands. Dort waren die nicht im aktiven Wehrdienst einsetzbaren Männer organisiert, vorwiegend Ältere. Die Volkssturmeinheit aus Riesa wurde sofort nach Dresden beordert, um den Menschen in dieser Stadt zu helfen.

Mein Opa war nach dem Einsatz in Dresden, wo sie unter anderem die Toten auf Scheiterhaufen zusammengetragen hatten, sichtlich erschüttert. Geschlafen hatten er und seine Kameraden auf Stühlen unter freiem Himmel.

Der Krieg kam nach Dresden und mit ihm ein Hagel an Bomben, Gewalt und Tod.

Meine Frau Ute erlebte den Bombenangriff als 6-jähriges Kind, sie erzählt:

„Wir, unsere Mutti und wir 3 Geschwister, der Vater war noch in Kriegsgefangenschaft, wohnten in der Haydnstraße in der Dresdner Altstadt. Ängstlich saßen wir im Luftschutzkeller, lauschten den Geräuschen der Bomber und hörten die Einschläge der Bomben um unser Haus herum, bis auch unser Haus getroffen wurde. Es brannte, wir waren ratlos, bis ein Mann rief: „Den Keller verlassen, die Decke stürzt ein!“ Tante Else mit 2 Kindern schloss sich uns an, und wir flüchteten ins Freie. Um uns herum brennende und einstürzende Häuser, schreiende Menschen , Feuersturm. Wir hatten einen kleinen Leiterwagen, mein größerer Bruder zog an der Deichsel, die kleineren Kinder saßen auf dem Wagen, und so irrten wir durch das Chaos. Ich verlor meine Puppe und weinte. Tante Else ging zurück und brachte sie mir wieder. Es gelang uns, bis zum Waldpark zu kommen. Nachdem neben uns einen Bombe einschlug, sprangen wir auf und liefen weiter um unser Leben. So erreichten wir die Elbwiesen. Wegen des Sturmes konnten wir uns kaum auf den Füßen halten. So hockten wir auf den Leiterwagen oder neben dem Wagen auf einer Decke.
Ein Mann irrte umher und rief nach seiner blinden Frau. Wir konnten die Flugzeuge im Elbtal fliegen sehen, auf dem Wasser schwamm brennender Phosphor, „Christbäume“ strahlten am Himmel, zur Beleuchtung des „Schlachtfeldes“. Plötzlich sprach uns eine Frau an, wir sollten mit in ihren Keller kommen. Die Villa wäre noch heil. Obwohl der Keller voller verängstigter Menschen war, fanden wir noch ein Plätzchen.
In Sorge um ihre Eltern, der Vater saß im Rollstuhl, versuchte meine Mutter am nächsten Tag mit meinem großen Bruder über die Albertbrücke zu kommen. Das war nicht möglich, überall brannte es noch und das Geländer glühte.“

Alle, die den Krieg erlebten, haben sich geschworen: „Nie wieder Krieg!“ Die Zeit hat viele Wunden geheilt. Dank des Fleißes der Menschen wurde Dresden wieder aufgebaut. Erschreckend ist jedoch auch die Tatsache, dass das Vergessen um sich greift.

Ich aber muss immer daran denken, wenn ich die junge Generation am PC Krieg spielen sehe. Das tut nicht weh, ist im wahrsten Sinne des Wortes ein Mordsspaß!

Die Menschen in unserem Land müssen sich gegen das Vergessen sträuben. Auch gegen das Vergessen der Folgen des Krieges für das deutsche Volk. Das sind Wahrheiten aus der Geschichte. Kriege kosten Menschenleben, auch zivile. Und die Sieger wüteten nicht selten.

Die Russen kommen!!!

Diese Nachricht war nach allem, was an Informationen bekannt war, ein Schreckgespenst. Es wurden die schlimmsten Sachen über die Russen erzählt, von Vergewaltigungen, Plünderungen, Verschleppung von Männern und vielem mehr.

Die Mitteldeutschen Stahlwerke, wo mein Vater und Großvater als Meister gearbeitet hatten, hatten inzwischen ihren Betrieb eingestellt.
Unsere Familie entschloss sich, nach Jessen bei Lommatzsch zu Tante Alma und Onkel Ehrhard aufs Dorf zu flüchten. Mit Hand- und Kinderwagen, meine kleine Schwester war erst am 1.Januar geboren, ging es zu Fuß Richtung Jessen. Der Prausitzer Bahnhof, an der Wegstrecke liegend, war ausgebrannt, es qualmte noch, ein totes Schwein lag an der Seite. Für mich ein beängstigendes Szenario.

Nach reichlich 25 km erreichten wir unser Ziel. Aus Angst vor Fliegerangriffen lagerten wir im Keller bei Bauer Schmidt auf Stroh und waren froh, eine Unterkunft gefunden zu haben. Aus heutiger Sicht war es eine Flucht, die wenig Zweck hatte.

Irgendwie ahnten die Menschen im Westteil Deutschlands, was uns während der Besatzung durch die Russen bevorstand. Großvaters Schwester lebte in Hamburg und bot uns an, dorthin zu kommen. Nur war das in dieser Situation mit 3 Kindern und den Großeltern kein leichtes Unterfangen.
Im Familienrat wurde entschieden, dass Großvater und Vater versuchen sollten, sich nach Hamburg durchzuschlagen, um dann die Familie nachzuholen.
Zu Fuß liefen beide nachts zurück in Richtung Riesa. Am Bahnhof angekommen, brachten sie es nicht fertig, die Reise anzutreten.

Sie konnten vor sich selbst nicht verantworten, die Familie mit unserer Mutter, den 3 Kindern und der Großmutter einem sehr unsicheren Schicksal zu überlassen.
Schuldgefühle kamen auf, und beide kehrten wieder zurück zu uns.

Wenn man heute zurückblickt, hätten unser Vater und Großvater das Kriegsende sicher überlebt, aber was aus uns geworden wäre, wage ich mir nicht auszumalen.

Wenn ich ehrlich bin und mein Verantwortungsgefühl für die Familie berücksichtige, hätte ich in dieser Situation nicht anders gehandelt.

Nun saßen wir in der „Emigration". Die Russen waren in Riesa einmarschiert und hatten sich unter anderem gegenüber unserem Wohnhause in der Felgenhauerstraße im Garten bei Bauer Steuer niedergelassen.

Nun kam noch die Angst um unser Hab und Gut dazu.
Wir kehrten zurück nach Riesa, wieder zu Fuß und von Tante Alma noch einen Sack Kartoffeln im Gepäck.

Der Kontakt mit den Russen

Die Frauen lebten ständig in Angst vor Übergriffen. Sie versteckten sich oder banden Kopftücher um, damit sie älter wirkten.
Parterre in unserem Haus wohnte eine alleinstehende Frau. Als die Militärstreife auf der Suche nach einem russischen Offizier war, vermuteten sie ihn in ihrer Wohnung. Die Kleiderschranktür wurde nicht geöffnet, sondern, weil man vermutete, dass sich darin der Gesuchte versteckt haben könnte, einfach durch die Tür geschossen. Im Schrank hatte sich niemand versteckt. Es ist aber bezeichnend, wie in der Roten Armee teilweise mit den Soldaten und Offizieren umgegangen wurde.
Diese Spielarten des Umganges sollten wir in den vielen Jahren der Besatzung noch häufiger erleben.

Der Russe an sich hatte jedoch Achtung vor der älteren Frau, der Mutter. Unsere Großmutter Anna schwang im Haus das Zepter und war auch nicht zimperlich, wenn angetrunkene Offiziere ihr Unwesen treiben wollten. Das hat auch unseren Männern schon Respekt eingeflößt.

Da die Russen im Allgemeinen kinderfreundlich waren, saßen die Hausbewohner mit Offizieren auf der Hintertreppe des Kellers.
Mich hatte einer auf dem Schoß und erklärte mir, dass er mich mit nach Moskau nehmen wolle, damit ich dort studiere. Ich begriff dies damals noch nicht, ich war einfach nur ängstlich.

An einem Sonntag, Großmutter Anna hatte Kaninchenbraten zubereitet, wollte sich ein Soldat, der mit einem Pferdewagen bis nach Riesa gekommen war, bei meinen Großeltern waschen. Eine kleine runde Wanne, wir sagen in Sachsen „Asch", wurde auf den Hocker in die Küche gestellt, gefüllt mit warmem Wasser. Nachdem die Prozedur vorbei war, zeugte das Stroh auf dem Fußboden vom wochenlangen Leben auf dem Pferdewagen. Meine Großeltern luden ihn zum Mittagessen ein. Als wir am Tisch saßen, sagte er, ich müsse erst aus seiner Kompottschüssel Erdbeeren kosten. Eine Vorsichtsmaßnahme, er hatte Angst, wir könnten ihn vergiften.

Ich glaube, mein Großvater Ernst war von ihm angetan, da er selbst im Ersten Weltkrieg als Unteroffizier im Königlich-Sächsischen Feldartillerie-Regiment 192 gedient und als Hufschmied ständig mit Pferden Umgang gehabt hatte. Heute besitze ich noch eine Urkunde, die er von S.M. des Sächsischen Königs 1918 mit der Friedrich-August-Medaille im Felde bekommen hatte.

Etablierung der neuen Macht
- Bestrafung der Mitglieder der NSDAP

Stalins Ziel nach dem Ende des Krieges war die Installierung eines politischen Systems, wie es in der Sowjetunion seit Jahrzehnten zur Unterdrückung und Verfolgung Andersdenkender mit Brutalität durchgesetzt worden war.
Mehrere Geheimdienste arbeiteten und mordeten willkürlich. Wer in den Verdacht geraten war, gegen die Russen zu arbeiten oder bösartig denunziert wurde, verschwand beispielsweise in den Straflagern Sibiriens. Sibirien war das Synonym für Verbannung. Dabei ist dieses riesige Land reich an Naturschönheiten und Bodenschätzen.

Genau dieses System wurde in der damaligen sowjetischen Besatzungszone eingeführt. Es gab genügend Leute, die sich den Russen als Handlanger angeboten hatten. Ziel war es, alle Männer im wehrfähigem Alter oder solche, von denen man Widerstand erwarten konnte, praktisch auszuschalten.

Das war Stalins Plan zu Säuberung des Hinterlandes, wie allgemein gemunkelt wurde.
Es wurde niemanden Vertrauen geschenkt, alle wurden als potentielle Feinde angesehen. Besonders schlimm ist in diesem Zusammenhang die Tatsache, dass all die Russen, die mit Deutschen in Kontakt gekommen waren, auch als Feinde angesehen wurden. Damit meine ich die nach Deutschland Deportierten und Kriegsgefangenen, welche nach der so genannten „Befreiung“ nicht nach Hause entlassen wurden, sondern im nächsten Lager in der Heimat eingesperrt blieben. Sie könnten infiziert sein, so dachte man wohl. Nach Jahren der Unfreiheit brachte ihnen der Sieg erneute Gefangenschaft. So gingen totalitäre Machthaber mit Menschen um.

Entsprechend der Befehle 124 und 126 der Sowjetischen Militäradministration wurden die Mitglieder der NSDAP und weitere als gefährlich angesehenen Bürger auf Listen erfasst. So auch mein Vater und mein Großvater.

In Riesa betraf dies 232 Personen und auch Unternehmen.
Mein Großvater war die Nummer 58, mein Vater Nummer 59.
Sogar die Oberschlesischen Hüttenwerke waren unter Nummer 77 registriert worden. Diese Liste wurde nicht von den Russen zusammengestellt, sondern von deren deutschen Handlangern. Da wurde nicht nach Recht und Gesetz gefragt, wer Mitglied der NSDAP war oder für schuldig gehalten wurde. Wen man aus welchem Grund auch immer loswerden wollte, der wurde registriert und geriet in die Mühlen der Geheimdienste der Besatzungsmacht.
Bei meiner Akteneinsicht 2002 im Sächsischen Staatsarchiv fand ich einen aus einem Schreibblock herausgerissenen Zettel, auf dem ein Riesaer Bürger der Polizei mitteilte, dass 2 Männer, auch aus Riesa, aktive Nazis gewesen wären, die nach Sibirien gehörten. Die namentlich Genannten habe ich dann auch in der Liste unter den Nummern 221 und 222 wieder gefunden. Diese „schwarze Liste“ war ergänzt worden.

Die Initiativgruppe des Lagers Mühlberg hat alles, was noch aus dem Lager überliefert geblieben ist, zusammengetragen und auch die Gedenkstätte am Ort des Lagers errichtet. Jedes Jahr im September finden Gedenkveranstaltungen mit ehemaligen Häftlingen aus aller Welt oder deren Hinterbliebenen statt.

Unter welchen Bedingungen Kontakte zwischen den Gefangenen und der Außenwelt trotzdem geknüpft wurden, zeugt von viel Mut der Menschen, die sich der Gefahr ausgesetzt haben, als Helfer der Gefangenen selbst

eingesperrt zu werden.
Fallen gelassene, zusammengeknitterte Zettel von Teilnehmern der Außenkommandos wurden aufgehoben und als Lebenszeichen an die Angehörigen weitergeleitet. Das war kreuzgefährlich!
Die Initiativgruppe organisiert heute Ausstellungen, bevorzugt in Gymnasien und anderen Schulen.
Bei den Eröffnungsveranstaltungen war ich mehrfach zugegen. Ehemalige Lagerinsassen erzählten von ihren Erlebnissen und wie sie überhaupt ins Lager verschleppt worden sind. Ein inzwischen weißhaariger Bürger aus Riesa berichtete aus seinen Erinnerungen:
„Wer sich als Verhafteter bei den Russen kooperativ zeigte, konnte mit einer Entlassung rechnen, wenn er zwei andere als ‚Verdächtige' nannte."
Dieser Handel ging auf. Er war Konditorlehrling im Stadtcafé gewesen. In unmittelbarer Nachbarschaft war ein aktives Mitglied der Hitlerjugend verhaftet worden. Aus der Backstube weg erfolgte die Verhaftung des Lehrlings, der Denunziant gelangte auf freien Fuß.

Nach zwei Jahren Mühlberg-Isolierung wurde er als geschlagener junger Mann wieder entlassen. Über die unmenschlichen Zustände in diesen Lagern wurde schon viel geschrieben.

Natürlich haben sich auch ehemalige Nationalsozialisten den Russen angebiedert und wurden damit zu so genannten Aktivisten der ersten Stunde.
Auf diese Tatsache komme ich in meinen späteren Ausführungen noch einmal zurück.

Wilhelm Busch sagte einmal:

Die über Nacht sich umgestellt, die sich zu jedem Staat bekennen, das sind die Praktiker dieser Welt. Man könnte sie auch Lumpen nennen!

Die Enteignung der zur Bestrafung eingestuften Bürger und Bürgerinnen, eben der, die auf der schwarzen Liste erfasst worden waren, wurde akribisch festgehalten. Die Vermögenswerte und das Guthaben auf der Sparkasse waren verloren. Bei meinem Vater handelte es sich beispielsweise um 4386,00 Reichsmark.

Die Enteignung bezog sich bei unserer Familie auch auf die zwei Genossenschaftswohnungen in Riesa auf der Felgenhauerstr. 9 und auf den Garten in der Anlage „Reiter".

Im Garten hatte mein Opa Kaninchen gehalten und auch Obst und Gemüse angebaut. Es hätte helfen können, uns in der schweren Zeit zu ernähren. Das alles wurde uns entzogen.

Wir standen plötzlich auf der Straße im kalten Winter 1945/46. Eine Tante von uns arbeitete seit vielen Jahren im Lebensmittelgeschäft bei Schäfers in der Pausitzer Str.1. Durch ihre Vermittlung konnten wir in frühere Mitarbeiterinnenzimmer in der 3. Etage einziehen. Diese Kammern waren ohne Öfen, schon lange nicht mehr genutzt und mit sehr alten Anstrichen in blauer Farbe versehen.

Schräge Wände unter dem Dach können reizvoll sein, aber dass die Fenster und das Dach in einem desolaten Zustand waren, sollte uns noch viele Jahre beschäftigen.

Zur Wiedergutmachung der Schuld als Nationalsozialisten waren nachfolgende Maßnahmen zusätzlich festgelegt: Beide Männer wurden aufgefordert, von ihrem Bargeld (die Konten waren ja schon beschlagnahmt) eine angemessene Summe auf das Konto für Wiederaufbau und Wiedergutmachung einzuzahlen.

Im eingefügten „Aufruf" wurde der Forderung Nachdruck vermittelt.

Aufforderungen zu Arbeitseinsätzen folgten. Hacke und Schaufel waren mitzubringen. Es mussten primitive und gefährliche Arbeiten erledigt werden. Auf der Rückseite einer der abgedruckten Aufforderungen ist bestätigt, dass Erde gefahren worden ist.

An eine Strafaktion kann ich mich noch erinnern:
Auf dem Flugplatz in Riesa/Göhlis waren zu Kriegsende Flugzeuge vom Typ JU 52 abgestellt. Es wurde vermutet, dass die Straße, welche am Flugplatz vorbei führte, vermint worden sei. Vater und Großvater mussten am Straßenrand mit einer Spitzhacke nach vermeintlichen Minen suchen. Ich saß im sicheren Abstand im Straßengraben am Korb, wo unsere Mutter etwas zum Essen und Trinken mitgeschickt hatte. Bei diesem Himmelfahrtskommando hätten beide ohne weiteres ihr Leben verlieren können. Es waren zum Glück keine Minen vergraben gewesen.
Es hätte schnell schief gehen können. Ein Schutz war mitnichten vorhanden. Was passiert, wenn eine Spitzhacke auf eine Mine trifft, nicht auszudenken!

Die Erniedrigung von Menschen, die als einfach per Blickdiagnose als Kriegsverbrecher eingestuft wurden, ist auch aus den Schilderungen von Erlebnissen im Straflager überliefert. Dort wurden beispielsweise ehemalige Angestellte des Staates grundsätzlich im Fäkalienkommando eingesetzt. Das war System.

Nachdem wir unsere Unterkunft in der Pausitzer Str.1 halbwegs bewohnbar gemacht hatten, erschienen an einem Abend im Juni 1946 mehrere Männer, um Vater und Großvater zur „ Klärung eines Sachverhaltes“ abzuholen. Ich sehe sie noch die Treppe hinuntergehen. Dass es ein Abschied für immer sein könnte, daran wagten wir nicht zu denken. Unsere Mutter war fassungslos. Alle weinten.

Wie ich heute weiß, wurden beide in die Keller der Kommandantur in Riesa auf der Friedrich-Engels-Str. 55 gebracht, wie auch andere Inhaftierte. Meine Klassenkameradin Brigitte Krieger konnte aus ihrem damaligen Wohnhaus auf der Hohen Straße dieses Grundstück einsehen. Sie und ihre Mutter haben besonders des Nachts die Schreie der Gefangenen hören können.

Im Januar 2008 ging ich schweren Herzens zu dem besagtem Haus. Heute ist die Firma Haustechnik Pfeifer dort ansässig. Aus dem Garten rief ein Mann: „Werner, was machst du denn hier?“
Es war ein ehemaliger Arbeitskollege aus dem Rohrwerk Zeithain. Seinem Sohn gehört diese Firma. Ich erklärte ihm mein Anliegen und er bestätigte, dass im Keller Gefangene von den Russen eingesperrt worden waren. Als er das Haus übernahm, waren in den Kellertüren noch die eingesägten Schlitze zur Beobachtung der Verschleppten vorhanden. Mehr weiß er nicht, er ist auch einige Jahre jünger als ich.

Wie wir inzwischen auch von anderen Betroffenen wissen, erfolgten die Verhaftungen nach Straßen. Selbst diese Listen konnte ich in den Unterlagen des Staatsarchivs wiederfinden.
Was müssen diese Leute für ein Gemüt gehabt haben, dass sie bis ins Kleinste alles aufschrieben und archivierten?

Mein Vater wollte nach der Demontage des Stahlwerkes die Schlosserei seines inzwischen verstorbenen Lehrmeisters Pfeifer in Riesa übernehmen, doch daraus konnte nichts mehr werden.

Nachdem nun die 2 Männer verschleppt worden waren, begannen die weiteren Strafmaßnahmen gegen meine Mutter, die Großmutter und uns 3 Kinder.
Auf dem Sterbebett hat unsere Mutter 1987 meiner kleinen Schwester Doris anvertraut, dass sie vorgesehen war, nach Russland zum Gleisbau verschleppt zu werden. Nach Workuta.
Von meiner Großmutter habe ich erfahren, dass sie einmal Männer hinausgeworfen hat, die meine Mutter mitnehmen wollten. Sie hatte auf uns 3 Kinder verwiesen.
Auf einer der Listen unseres beschlagnahmten Hausrates ist vermerkt: „Die ältere Frau ist zu verhaften". Die Verhaftung erfolgte.
Doch was wollten sie mit einer 63-jährigen Frau noch anfangen - sie wurde wieder nach Hause entlassen.

Unsere Mutter hat mir als heranwachsenden Sohn viele Dinge verschwiegen. Das lag daran, dass sie eingeschüchtert worden ist, sich zur Zurückzuhaltung zwang.
Bei Nichteinhaltung dieser Forderung nach Stillschweigen wäre Bestrafung die Folge gewesen. Da sie mich kannte und wusste, ich würde tätig werden, hat sie geschwiegen.
In Gesprächen mit den überlebenden ehemaligen Mühlberg-Häftlingen wurde derartiges auch immer wieder deutlich.

Zweimal erschien eine Kommission bei uns zu Hause, um verbliebenes Hab und Gut detailliert zu erfassen. Registriert und beschlagnahmt wurde von der Herrenunterhose bis zum Fahrrad ohne Bereifung praktisch alles.
Ein Erlebnis hat sich in meine Erinnerung eingeprägt:

Bei der Durchsuchung hatte der Schnüffler Schmidt offensichtlich untersucht, ob wir vielleicht im oder auf dem Toilettenwasserkasten etwas versteckt hätten. Dabei war der gusseiserne Deckel auf das Toilettenbecken heruntergefallen. Meine Mutter war fassungslos über das zerschlagene Becken. Schmidt meinte, wo denn der Werner sei, vielleicht hätte er den Schaden verursacht. Das war natürlich eine faustdicke Lüge.
Da ich mit dem Sohn vom Schmidt in eine Klasse zur Schule gegangen bin, waren die Weichen gestellt.
Nach Überprüfung der Haushaltlisten durch die Behörden wurde das Inventar freigegeben, „da es zur bescheidenen Lebensführung ausreicht".
Man beachte die Formulierung:„1 Frau und 3 Kinder"! Wir gehörten also zum Inventar.
Auf einer anderen Liste ist bei dem Schreibtisch der Vermerk „FDGB" (Freier Deutscher Gewerkschaftsbund) angebracht.

Nun weiß ich, wo unser Schreibtisch hingekommen ist. Wohlgemerkt, diese Erkenntnis habe ich erst nach Einsicht der Akten im Sächsischen Staatsarchiv 2002 gewonnen.

Über die Enteignung und Beschlagnahme von Hab und Gut der betroffenen Familien wurde ein abschließendes Protokoll verfasst. Bemerkenswert ist dabei die Unterschriftsleiste. Dort sind 4 Parteien und eine Organisation vorgesehen, und das ist besonders unter der Jahreszahl 1946 sehr beachtenswert:

SED, CDU, LDPD, FDGB

Die SED war gerade erst am 21.04.1946 als Zusammenschluss von KPD und SPD gegründet worden. Nachzulesen in den Akten „Kreistag/Kreisrat Großenhain Nr.:354/374/423" im Sächsischen Staatsarchiv Dresden.

Wenn man heute im Jahr 2009 die Diskussionen über die Vergangenheit der Blockfreunde vor diesem Hintergrund betrachtet, kommt die ganze Verlogenheit zu Tage. Nach der Wende möchten sich diese Parteifreunde gern als heimliche Widerstandskämpfer sehen.
In Wirklichkeit hat man schon vor der Gründung der DDR 1949 zusammen mit den sowjetischen Geheimdiensten die Säuberung des Hinterlandes nach Stalinschen Vorstellungen betrieben.

Man hatte gemeinsam die nach ihren Vorstellungen zu vernichtenden Mitbürger denunziert und den Russen ausgeliefert, ohne dass sich die Betroffenen rechtfertigen konnten.

Wer das nicht weiß, wird von den Medien eingelullt.

Die DDR, das war nicht nur das SED–Regime, das war gemeinsame Sache aller in der Nationalen Front zusammengeschlossenen Parteien und Organisationen.
Das ist für mich eine unumstößliche historische Wahrheit.

1948 hat die Landesregierung ein Schreiben an die Adresse unseres Vaters geschickt, in welchem die Enteignung für rechtens erklärt wurde. Dabei wurde er schon 1946 hingerichtet. Natürlich haben wir nun gehofft, dass er noch leben könnte. Wie sagt das Sprichwort: Die Hoffnung stirbt zuletzt. Es war ein sehr makabres Spiel der Behörden.

Aufgrund der miserablen Wohnbedingungen stellte meine Mutter einen Wohnungsantrag beim Rat der Stadt, wo ihr von einem der „Aktivisten der ersten Stunde“, E., mitgeteilt wurde, dass Aussicht auf Wohnung auf längere Zeit nicht besteht und sie sich mit den gegebenen Verhältnissen abzufinden habe.

Ähnlich verhielt es sich mit dem Antrag auf Witwenrente und Halbwaisenrente für uns Kinder. Die Zahlung wäre erst möglich, wenn unsere Mutter nachweisen könne, dass der Ehemann tot sei.

Eben dieser Nachweis wurde uns wissentlich vorenthalten.
Also keine Wohnung, keine Renten!

Meine Mutter erhielt eine Anstellung als Raumpflegerin in der Karl-Marx-Schule. Durch die Arbeitszeit nach Schulschluss war sie in der Lage, sich am Vormittag um die Beschaffung von Lebensmitteln zu bemühen. Gemeinsam gingen wir Ähren lesen, Kartoffeln stoppeln oder Holz für den Winter beschaffen. Letzteres praktizierten viele Familien, zumeist jedoch nur die Frauen. Mit dem ersten Personenzug fuhren wir nach Jacobsthal. Dort musste alles schnell gehen. Ein Baum wurde ausgesucht, gefällt und in Rollen zersägt, die in den Rucksack passten. Wenn der Förster kam, verschwand die Säge im hohen Gras. Waren wir fertig, ging es zurück zum Bahnhof. Es konnte jedoch passieren, dass die Russen uns an der Schranke das Holz wegnahmen und wir ohne Holz mit dem Schichtzug, der 5:15 Uhr wieder in Riesa eintraf, zurückfahren mussten. Wenn wir Holz mitbrachten, war die Zugfahrt ein Abenteuer. In den Abteilen standen die Rucksäcke, wir Kinder hockten darauf und der Zug war hoffnungslos überfüllt. Vor dem Bahnhof stand dann die Schlange mit den Handwagen. Der Jacobsthaler Bahnhof lag früher mitten im Wald.

Da unsere Mutter Schneiderin war, hat sie für etwas Essbares für Bauersfrauen genäht. So auch für Frau Kramer in Hayda.

Wie glücklich waren wir, wenn wir mit einem Krug Milch, manchmal einer geschlachteten Henne, ein paar Kartoffeln oder etwas Weizen nach Hause laufen konnten. 6 km hin und wieder zurück waren dabei kein Hindernis. Beim Kartoffelnstoppeln waren die Wege noch länger.
Wir Jungen hatten auf der Friedrich-List-Straße ein Loch im Tor entdeckt, dahinter befand sich das Heizhaus der Russenkaserne. Da die Soldaten Verständnis für uns Kinder hatten, ließen sie uns mit ein paar Kohlen in der Tasche laufen.

Die Suche nach Vater und Großvater

Wir hofften immer noch, dass beide wieder nach Hause kommen würden. Wir wurden informiert, dass sie im Lager Mühlberg seien. Heute weiß ich, dass diese Falschinformationen zielgerichtet verbreitet worden sind.

Nach Suchanzeigen beim Roten Kreuz und staatlichen Dienststellen erhielten wir 1964 die offizielle Mitteilung, dass mein Vater Hans 1958 und mein Großvater Ernst 1957 in der Sowjetunion verstorben seien. Mehr Informationen gab es nicht.

Damit bekamen wir auch vom Staatlichen Notariat in Riesa einen Erbschein als offizielle Urkunde.
Nun spielte der Zeitpunkt der Information in Bezug auf Halbwaisenrente für uns Geschwister ohnehin keine Rolle mehr.

Damit haben wir uns damals abfinden müssen. Nach der Wende wurde das dunkle Kapitel „Speziallager Nummer 1 Mühlberg des NKWD/MWD der UdSSR“ (zwei von den in der UdSSR und darüber hinaus agierenden Gruppen von Staatsicherheits- und Geheimdiensten) aufgearbeitet.

Im Jahr 2001 stellte der Autor und frühere Insasse Achim Kilian sein Buch im Rahmen einer Veranstaltung der Sächsischen Landeszentrale für politische Bildung in der Dresdener Zionskirche vor.

Gemeinsam mit meiner Frau und Schwester nahm ich daran teil. Es waren auch ehemalige Lagerinsassen anwesend. Hier erhielten wir erste Einblicke in die erschütternde Lagergeschichte von 1939 bis 1948. In der Diskussion habe ich dazu gesprochen, dass es besonders wichtig ist, die jungen Menschen darüber zu informieren, welche menschenfeindlichen Auswüchse gesellschaftliche Systeme der Gewaltherrschaft hervorbringen. In der Folge sprachen wir mit ehemaligen Häftlingen. Von der Leiterin der Veranstaltung erhielt ich einen Hinweis auf die Stiftung Sächsische Gedenkstätten und Herrn Dr. Müller, an den ich mich wenden könne bei meiner Suche nach den beiden Laasers.

In Großenhain, wo ich bis 2006 wohnte, erfuhr ich, dass das Ehepaar Täuber eng mit der Initiativgruppe Lager Mühlberg zusammenarbeitet.

Mit ihnen besuchte ich die Lagergedenkstätte und die Geschäftsstelle. Es ist bekannt, dass hier alle Inhaftierten exakt registriert worden sind und auch die „Pelzmützen-Kommandos“ zusammengestellt wurden. Die Kommandos hießen so, weil man ihnen vor dem Abtransport in die Sowjetunion Pelzmützen ausgehändigte. In keiner der Aufstellungen sind meine Angehörigen zu finden.

Dr. Müller hatte durch seine Verbindungen nach Moskau in den Archiven herausgefunden, dass Vater und Großvater durch das Militärtribunal der 9. Panzerdivision in Riesa entsprechend dem Erlass des Obersten Sowjets vom 19.04.1943 „Über Maßnahmen zur Bestrafung von deutschen NS-Verbrechern, die sich an der Ermordung und Misshandlung sowjetischer Zivilisten und gefangen genommener Rotarmisten schuldig gemacht haben, sowie Spione…“ zum Tode verurteilt und am 20.11.1946 hingerichtet worden waren.

Zur Erläuterung :

In den Mitteldeutschen Stahlwerken in Riesa waren so genannte Ostarbeiter, Deportierte und Kriegsgefangene beschäftigt.
Im Stabwalzwerk und auch im Rohrschlangen- und Überhitzerbau (Kesselbau) kamen sie zum Einsatz. Im letzteren Bereich arbeiteten meine Angehörigen als Meister.
Was niemand wusste, war die Tatsache, dass Meister Kunz im unterirdischen Abwasserkanal vom Walzwerk zur nahen Elbe kurz vor dem Eintreffen der Roten Armee eine „Ostarbeiterin“ erschlagen hatte.
Er selbst hatte sich durch Flucht, wohin ist nicht bekannt, der Verantwortung entziehen können. Dieser Sachverhalt ist in den Akten des Sächsischen Staatsarchivs dokumentiert. Kunz war nicht mehr greifbar. Also bestrafte man die noch anwesenden 3 Meister, zwei davon waren meine Angehörigen. Das ist bei Kenntnis der Vorgehensweise der Russen in dieser Zeit nicht verwunderlich.

Da mein Vater die Schlosserei Pfeifer in Riesa übernehmen wollte, hatte er sich am 30.09.1945 ein Zeugnis ausstellen lassen. Dieses Zeugnis, geschrieben unter den Bedingungen der neuen Machthaber im Staat, sagt über meinen Vater einiges aus.

Ich war bisher der Überzeugung, dass die Auskünfte über gesuchte Personen vom Deutschen Roten Kreuz stimmen, aber hier zeigt es sich, dass auch dieser Organisation falsche Informationen zugespielt worden sind. Herr Dr. Müller von der Stiftung Sächsische Gedenkstätten bestätigte mir,

dass diese Falschinformationen zielgerichtet verbreitet worden sind und es sich in unserem Fall nicht um eine Ausnahme handelte.
Es dauerte eine Weile, bis meine Schwester und ich diese Ungeheuerlichkeit verarbeitet hatten. Jetzt noch zu forschen, wo man ihre Leichen hingebracht hatte, das scheint aussichtslos.

Nach langem Überlegen fasste ich am 04.12.2007 den Entschluss, beim Militärkollegium des Obersten Gerichtshofes der Russischen Förderation in Moskau die Revision der Todesurteile zu beantragen. Begründet habe ich den Antrag mit der Nachweisführung aus den Unterlagen des Sächsischen Staatsarchives über den wahren Täter und mit dem vorgenannten Zeugnis der Mitteldeutschen Stahlwerke über die Arbeitweise meines Vaters.

Ich bin mir klar darüber, dass die Chancen, überhaupt eine Antwort zu erhalten, gering sind, geschweige denn eine positive Entscheidung zu erwarten ist. Inzwischen sind schon 62 Jahre vergangen.
In dem Urteil des Militärgerichtes war noch ein weiterer Werkmeister namentlich aufgeführt. Er wurde ebenfalls hingerichtet. Nun war es für mich eine schwere Entscheidung: Sollte ich versuchen, die Angehörigen des Wilhelm Krause, ehemals wohnhaft in der Hohen Str.5 in Riesa, zu informieren, welches Schicksal ihr Verwandter erlitten hatte, oder sollte ich es besser nicht tun?

Nachdem ich den heutigen Besitzer des Hauses ermittelt hatte, befragte ich noch lebende Nachbarn nach der Familie Krause. Übereinstimmend erfuhr ich, dass Frau Krause offensichtlich in der 1950er Jahren verstorben ist. Ob Kinder lebten, wussten die befragten älteren Damen nicht. Damit schließt sich das Kapitel von selbst. Der Stadtverwaltung Riesa, dem Stadtarchiv und den beiden Frauen Lindemann und Meier danke ich für die kooperative Mitarbeit bei meiner Suche. Nach über 60 Jahren, so glaube ich, sollte man Bedenken aus Datenschutzgründen ausschließen.

Meine Schulzeit bis 1952

An diese Zeit erinnere ich mich nicht gern. War ich doch gebrandmarkt als Kind von so genannten Kriegsverbrechern. Wie Kinder eben sind… sie können grausam sein.

Ich empfinde heute noch tiefe Dankbarkeit gegenüber meinen Lehrerinnen und Lehrern. Stellvertretend danke ich hier Frau Klausnitzer und Herrn Weidmüller für das mir entgegengebrachte Verständnis.

Christoph Weidmüller hat mir auch zu einer ordentlichen Handschrift verholfen. Nachmittags war „Schreibverein“ angesagt und das Schönschreiben wurde geübt. Es geht eben vieles, wenn man sich bemüht…

Durch die Zugehörigkeit zum Schulchor hatte ich eine sinnvolle Freizeitbeschäftigung gefunden. In meiner Abschlussbeurteilung steht der Satz „Werner setzt sich bei jeder Gelegenheit für die Schule ein“.
Abschluss-Note: 2.
Das war auch das Ergebnis der Erziehung durch meine Mutter und Großmutter.
Ich wurde ständig zu Fleiß, Anstand und Höflichkeit angehalten.
Danke, liebe Mutti!
Doch einmal bekam ich mächtigen Ärger. Ich hatte mir in einer Russischarbeit eine 5 eingehandelt. Da meine Mutti richtig in Schönschrift unterschrieb, ohne Schnörkel, gelang es mir, die Unterschrift nachzumachen. Die Lehrerin bemerkte meine Fälschung nicht. Unsere Mutti versäumte keinen Elternabend, andere Schüler hatten den Stress nicht, auch die 5 wurde angesprochen. Meine Mutti wusste nichts von der schlechten Zensur und wollte die Unterschrift sehen. Da kam meine Missetat heraus. Aber wer hat damals nicht zumindest einmal über so etwas nachgedacht? Ich habe es aber nie wieder getan.

Meine Lehre und das Stahl- und Walzwerk Riesa

Mein Vater hatte Schlosser gelernt, was lag mir also näher, als den gleichen Beruf erlernen zu wollen. Die ehemaligen Mitteldeutschen Stahlwerke waren inzwischen ein volkseigener Betrieb geworden. Am 1.9.1952 erfolgte die Eröffnung des neuen Lehrbetriebes mit Betriebsberufsschule, ich gehörte zu den Neuen.
Unser Lehrmeister Willi Mildner, liebevoll „Willi“ genannt, hat aus uns richtige Kerle, in diesem Falle Schlosser, gemacht.

Er verstand sein Handwerk und besaß sehr viel Erfahrung. Wenn er in seiner Meisterbude saß, die verglast war, hatte er seine Jungs ständig im Blickfeld. Von wegen, mit dem Hintern auf der Feilbank sitzen, das trauten wir uns nicht.

Sein Leitspruch: „Messen, prüfen, kontrollieren. Ist’s gerade und im Winkel?“, ist uns in Fleisch und Blut übergegangen. Wenn Sonderaufgaben zu erledigen waren, kam der Auftrag zu uns. So haben wir das Scherengitter für die Fenster des früheren Arbeitsamtes angefertigt. Da ging es um

Genauigkeit, damit das Gitter auch beweglich blieb.
Montag wurde angetreten und kontrolliert, ob die Schuhe geputzt waren.
Auch, wenn Druck vom Meister manchmal nervig war, am Ende einer erfolgreichen Ausbildung sieht man vieles anders.
Eine Erfahrung, die ich Lehrlingen mit auf den Weg geben möchte.

Ich organisiere aller 2 Jahre das Treffen von Willis Jungs. Wir haben vor nunmehr 55 Jahren die Lehre begonnen. Wenn auch nicht mehr alle leben, so ist noch der harte Kern eine verschworene Truppe guter Freunde. Jeder hat beim Treffen Neues aus seinem Leben zu berichten. Einer befasst sich nun mit Malerei, einer ist erfolgreicher Fotograf und Buchautor in Polen, einer bereist die Welt…
Unser Willi schaut nun von oben zu, und wenn er es noch erleben könnte, wäre er stolz auf seine Jungs.

Nach meiner Lehre

In den Rohrwerken angekommen, begann ich meine Tätigkeit in der Technischen Kontrollorganisation (TKO) als Gütekontrolleur.
Heute würde man Mitarbeiter in der Qualitätssicherung sagen.

In den beiden Rohrwerken arbeiteten frühere Arbeitskollegen meines Vaters, das gaben sie mir auch zu verstehen. Für sie war ich ab sofort der Hans. Ein unbeschreibliches Gefühl für mich. Ohne Vater groß geworden, nahmen sie mich in ihre Mitte auf. Sie waren entsetzt, was sich da 1945/46 abgespielt hatte und sprachen voller Achtung über den Hans. Frau Uhlig, eine ehemalige Kranführerin im Rohrschlangenbau, berichtete nur Gutes. Sie leben heute schon lange nicht mehr, der Alfred Braun, liebevoll Eisbär genannt, der Martin Große…

Nun wurde ich vom Lerneifer gepackt. Ich erlernte nebenbei an der Betriebsakademie den Beruf des Rohrwalzers. So wurde ich in die Lage versetzt, meine Tätigkeit als Qualitäts-Kontrolleur noch besser zu erledigen.

Das war noch nicht das Ende, den Meisterlehrgang an der Ingenieurschule in Riesa schloss ich 1962 ab und konnte mich nun Meister für Rohrherstellung nennen.

Die Dozenten an der Ingenieurschule animierten mich 1964 dazu, noch ein Fernstudium aufzunehmen, welches ich 1969 erfolgreich abschließen konnte.

Inzwischen hatte ich geheiratet und der dritte Sohn war geboren. Es ist aus heutiger Sicht schon ein kleines Wunder, was man unter den Bedingungen des Drei-Schicht-Betriebes mitsamt Familie alles schaffen kann.

In Zeithain wurde 1965 ein neues Rohrwerk in Betrieb genommen, hier war ich von Anfang an dabei.

Es stellte sich die Frage nach einem Beitritt in die SED. Eine Parteizugehörigkeit setzte man voraus, wenn eine leitende Stelle zu besetzen war. Ich hatte damit kein Problem, waren doch auch meine Vorgesetzten und einige Kollegen bereits Genossen. Zumindest bei uns im Bereich der Qualitätskontrolle herrschte ein ehrliches Miteinander.

Der Parteisekretär Kurt M. trat selbstsicher und überzeugend auf. Er habe während des 3. Reiches aktiv am Widerstandskampf teilgenommen. Bei seinen Genossen auf den Schultern stehend, hatten sie Plakate gegen Hitler geklebt. Keiner wagte etwas gegen ihn zu sagen. Ich hatte das auch geglaubt.
Der Krug geht so lange zum Brunnen, bis er bricht.
An dieses Sprichwort muss ich immer wieder denken. Es war im Stahlwerk üblich, dass zum Besuch erkrankter Genossen auch der Parteisekretär mitging.

Beim Kollegen X. angekommen, erkannte dessen Frau den Kurt M. als einen der Schläger wieder, welche gegen die Kommunisten vorgegangen waren. Die Welt ist manchmal klein.

Ich als junger Genosse hatte damals entschieden gefordert, diesen M. aus der Partei zu entfernen.
Dabei kamen noch weitere Sachen ans Tageslicht. Er verhielt sich schon selbstherrlich, denn während er krank geschrieben war, hatte er sich beim Leiter des Jagdkollektives seine Flinte geholt und war zur Jagd gegangen. Der Parteiausschluss erfolgte. Der eine oder andere hat den M. sicher auch schon von früher gekannt, aber lieber nichts zu seiner Vergangenheit gesagt. Es war gefährlich, gegen solche Zeitgenossen vorzugehen.
Parteisekretäre hatten oft auch die Leiter in den Betrieben fest im Griff und besaßen unerhörten Einfluss. Sie entschieden über die Besetzung von Stellen maßgeblich mit. Die Rolle der herrschenden Klasse, der Arbeiterklasse, war unantastbar und durchzusetzen.

Obwohl ich mich durch viel Fleiß qualifiziert hatte, gehörte ich nun plötzlich nicht mehr zur „herrschenden Klasse“, war nun nur noch Erfüllungsgehilfe.

Aber das hat mich nicht so richtig interessiert.
Die alten Herren im Zentralkomitee in Berlin haben es nicht begriffen, dass sich mit dem sich entwickelnden wissenschaftlich- technischen Fortschritt auch die Arbeiterklasse entwickeln musste.
Die tschechischen Genossen hatten diesen Zusammenhang schon früh erkannt und wurden natürlich von den Russen und den deutschen Ideologen sehr kritisiert.
Wohin diese Fehleinschätzungen letztendlich führten, haben wir alle erfahren.

Mit der voranschreitenden Inbetriebnahme weiterer Fertigungsanlagen im Rohrwerk Zeithain stand ich immer wieder vor neuen Herausforderungen. Bedingt durch die Embargopolitik der westlichen Staaten hatten wir besonders auf dem Gebiet der Fertigung hochlegierter Chrom-Nickel-Stähle viele Probleme zu lösen. Mein Lehrbuch von Schumann „Metallografie“ war ständiger Begleiter.

In erster Linie war ich gezwungen, meine Kenntnisse ständig zu erweitern, um auch meine Mitarbeiter zu befähigen, ihre Aufgaben im Schichtbetrieb zu erfüllen. Mit meinem Leitungsstil der gemeinsamen Beratung und eigenverantwortlichen Entscheidung erreichte ich ein angenehmes Klima in unserer Abteilung. Auch die Mitarbeiter hatten das Gefühl, dass ihre Meinung wichtig sei.

Disziplin und ordentliches Auftreten war bei meinen Mitarbeitern Gesetz, schließlich kontrollierten wir die Arbeit der Werker in den verschiedenen Bereichen.

Die Glückwunschkarte der Abteilung zu meinem 50. Geburtstag habe ich in Ehren aufbewahrt. Steht doch darauf:
„Bist du auch nicht immer der bequeme Leiter, so haben wir dich trotzdem gern.“
Grundsätzlich war ich kein Anhänger des Arbeitstiles einer Qualitätskontrolle, die nur kontrolliert, die Erzeugnisse mit Sperranhängern versieht…und „tschüß“ sagt. Wenn einmal etwas schief lief, gehörten Vorschläge oder Festlegungen dazu, wie die Angelegenheit zu bereinigen ist. Wirksame Qualitätssicherung ist fertigungsbegleitend. Wenn das Kind

erst in den Brunnen gefallen ist, dann ist meist guter Rat teuer.
In unserer Abteilung wurde auch jüngeren Mitarbeitern eine solide Ausbildung gesichert. Abiturienten, die sich in einem praktischen Jahr auf ein Studium vorbereiteten, wurden auch bei uns eingesetzt. Stellvertretend für diese Praktikanten steht Gabi Günther, die anschließend einen metallurgischen Ingenieurabschluss erwarb und heute in Hessen und im Ausland Unternehmen in Sachen Umweltschutz zertifiziert. Sie lässt heute noch Grüße an mich ausrichten. Hat sie doch im Dreischichtbetrieb die Arbeit in der Qualitätssicherung kennengelernt und einiges an Fachwissen erworben.
Ingenieurpraktikanten betreute ich bei der Erstellung der Ingenieurarbeiten und ihrer Einarbeitung in die Praxis. Anspruchsvolle Themen erforderten auch, dass ich mich selbst weiterbilden musste.

Als Mentor war ich bei der Verteidigung der Arbeiten an der Ingenieurschule Hennigsdorf sehr stolz auf meine Zöglinge.
Die Herstellung von Stahlrohren unterschiedlichster Stahlmarken setzte auch voraus, dass bei der Endkontrolle auftretende Verwechslungen von Stählen erkannt wurden. Jeder Stahl ist für einen speziellen Einsatz konzipiert. Wird Falschmaterial ausgeliefert, hat das fatale Folgen. So habe ich mich dieser Problematik verstärkt angenommen. Da aber die Prüfungen großen Erfahrungsschatz erforderten, wurde auch die Ausbildung der Prüfer gewissenhaft durchgeführt. Mit der Fertigung von Rohren aus hochlegierten Chrom-Nickel-Stählen geht der Weg an der Anwendung spektralanalytischer Verfahren nicht vorbei.
Das Unternehmen, welches diese Geräte entwickelte, war in Kleve am Niederrhein angesiedelt. Nach vielen zähen Bemühungen und trotz der Devisensituation gelang es schließlich doch, den Kontakt aufzunehmen.

Nun hatten meine Vorgesetzten ein Problem, denn ich war als Reisekader nicht tragbar.
Das Ansinnen der Genossen in der Kaderabteilung, heute sagt man Personalbüro, mich von meinem Schwiegervater in Hamburg zu verabschieden, hatte ich ja abgelehnt. Westverwandtschaft war bei staatlichen Leitern verpönt. Das war auch ein Punkt, wo stalinistische Denkweisen durchschlugen. Misstrauen machte nicht einmal vor den ehrlichen Mitgliedern der Partei halt.

Da sich aber mit dem Prüfverfahren der Stahlmarken-Verwechslungsprüfung keiner meiner Vorgesetzten in unserem Bereich auskannte, durfte ich an der Vorstellung eines spektralanalytischen

Prüfgerätes in der Stahlberatungsstelle Freiberg teilnehmen und hatte mit dem Erfinder Paul Friedhoff und der Firma *Spectro Analytical Instruments* die erste Begegnung.

Mein Sortiment an Rohrproben mehrerer verschiedener Stahlmarken konnte mit dem Prüfgerät richtig zugeordnet werden. Somit wären wir in der Endkontrolle in der Lage gewesen, eine Prüfung mit hoher Sicherheit durchzuführen.
Da im Edelstahlwerk Freital die gleichen Prüfaufgaben zu lösen waren, wurde auch in diesem Kombinatsbetrieb der weitere Einsatz dieser Technik für den gesamten Ministeriumsbereich vorbereitet.
Spectro führte Schulungen und später Erfahrungsaustausche durch, in welchen die Anwender zusammenkamen und auch bestimmte Veränderungen der Gerätetechnik angesprochen wurden. Es herrschte eine offene Atmosphäre zum gegenseitigen Vorteil.

Zur allgemeinen Erheiterung trug der Beitrag eines Kollegen aus dem Schwermaschinenkombinat Magdeburg bei. Beim Handel mit Schusswaffen aus früheren Jahrhunderten wird ja auch tüchtig manipuliert. Da werden Gewehrläufe auf alt getrimmt, beispielsweise durch eine Säurebehandlung.

Wenn aber dann eine Prüfung mit einem *Spectrotest*-Gerät durchgeführt wird, erkennt man an den Eisenbegleitelementen, ob der Stahl des Laufes der Waffe zum Beispiel aus einem Stahlwerk stammt, wo durch den Einsatz von Schrott plötzlich die Elemente Kupfer, Chrom und Nickel in Spuren vorhanden sind. Das schließt einen sehr alten Gewehrlauf aus. Also läge eine Fälschung vor.

Es ergab sich, dass ich im Gästehaus des Edelstahlwerkes mit den anderen Kursteilnehmern zu einem Arbeitsessen geladen war. Es wurde locker diskutiert und ich steuerte zu vorgerückter Stunde auch einige lustige Dinge bei. Aber keine politischen Witze, das verstand sich von selbst.

Vom Edelstahlwerk war der Informelle Mitarbeiter Roßberg dabei. Er hatte beabsichtigt, mich bei meinem Direktor in Riesa anzuschwärzen.
Das haben aber die Freitaler Kollegen aufgrund meiner sehr kooperativen Haltung in einer delikaten Reklamationsangelegenheit, die ich im Auftrag des Generaldirektors zu untersuchen hatte, verhindern können.
Um was handelte es sich? Das Edelstahlwerk lieferte gewalzten und gezogenen Stabstahl an die Robur-Werke Zittau. Verwendet wurde der Stahl für Bremsanlagen der hergestellten Lastkraftwagen für den Export

nach Afrika. Auf Grund einer Stahlmarkenverwechslung mussten die ausgelieferten Fahrzeuge in die Servicestützpunkte zurück gerufen werden. Das war mit hohen Kosten und Imageschaden verbunden.
Im Edelstahlwerk waren zeitgleich Blockstahl und Walzerzeugnisse 300 verschiedener Stahlmarken in der Fertigung. Die Verständigung im Walzwerk zwischen den Ofenleuten, Steuerleuten und Kollegen am Kühlbett, wo der Walzprozess beendet war, erfolgte aufgrund des Lärms mittels Zeichensprache. Hier war eine Verwechslung durch Missverständnisse nur eine Frage der Zeit. Da mit den Methoden der Prüfung auf Stahlmarkenverwechslungen zusätzlich keine Sicherheit gegeben war, beriet ich diese Angelegenheit mit dem Werkleiter Heinz Mittag. Eine derartige Reklamation durfte sich nicht wiederholen. So machten wir Nägel mit Köpfen. Ich empfahl die Prüfgeräte auf der Basis Spektralanalyse der Firma *Spectro* für die Metallurgie der DDR in Betracht zu ziehen.
Die unzureichende Prüfsicherheit war nachvollziehbarer Grund, dass kein Mitarbeiter zur Verantwortung gezogen, sondern eine saubere Lösung auf den Weg gebracht wurde. Diese Strategie ging auf.
Mein Direktor wusste, was er von mir zu halten hatte, unabhängig vom Geschwätz der Stasi-Leute.

Als ich vor einigen Jahren Schleiffunkenprüfer im Edelstahlwerk ausbildete und zur Prüfung zugelassen hatte, richtete mir der Sohn vom Heinz Mittag herzliche Grüße von seinem Vater aus. Ich schätzte ihn als kompetenten Fachmann.

Wir vermuteten berechtigterweise, dass auf uns aufgepasst wurde, besonders bei Kontakten mit dem „Klassenfeind“. Es gab im Rohrkombinat eine Organisationsanweisung, die exakt vorschrieb, wie sich der entsprechende Mitarbeiter zu verhalten hatte. Verstöße konnten arbeitsrechtliche Folgen nach sich ziehen. Eventuell übergebene Geschenke mussten gemeldet und abgeliefert werden. Über diese entmündigenden Festlegungen wurden wir als Leiter regelmäßig aktenkundig belehrt.
Aber ganz ernst haben wir die Sache leichtsinnigerweise nicht genommen. Wenn jedes Mal bei Kontakt mit westdeutschen Vertretern ein IM dabei war, war dies ein riskantes Unterfangen. Es wäre bei mir fast ins Auge gegangen in Freital.

Wir ahnten, wer eventuell im Betrieb für die Staatssicherheit arbeitete, aber sicher konnte man nicht sein. Nach der Wende erschrak ich, wer sich so alles ein 2. Standbein geschaffen hatte.

Personen, denen man dies nie zugetraut hätte, bis hinein in enge Freundeskreise, arbeiteten als IM. Ich glaube jedoch, dass mir aus der Überwachung kein Nachteil entstanden ist. Am gefährlichsten waren Mitarbeiter, die nicht in der Partei waren, oft herumschimpften, um den Gesprächspartner „aus der Hütte zu locken“. Diese Erkenntnis kam aber erst nach der Wende.
Es gab natürlich Kollegen, die ihre Überwacher nicht in Ruhe gelassen haben. Aber ich habe es abgehakt und bin auf Distanz gegangen. Es bringt nichts, in der unabwendbaren Vergangenheit herumzustochern.

Zur Wendezeit ist mit Sicherheit einiges an Akten vernichtet worden. In meiner Akte waren nur noch Daten von 2 Besuchen meines Schwiegervaters gespeichert. Das ist belanglos.

Welche Blüten der Sicherheitswahn trieb, möchte ich jedoch schildern:

Mein Schwiegervater lebte als 84jähriger in Hamburg. Meine Frau arbeitete bei einem privat niedergelassenen Zahnarzt als Technikerin. Sie plante eine Reise zum Geburtstag ihres Vaters.
Meine Frau war nun in Hamburg. Mein 311er Wartburg hatte seinen Geist aufgegeben und auf den Trabbi wartete ich 1984 noch.
Ein Kollege war bereit, mit mir nach Leipzig zu fahren, um meine Frau vom Interzonenzug abzuholen. Anrufe in die BRD waren vom Dienstapparat grundsätzlich verboten. Dies war nur einem ausgesuchten und zugelassenen Personenkreis erlaubt.
Doch ich konnte ja ein Telegramm schicken, dazu war nur ein einfaches Ortsgespräch nötig.
Ich rief bei der Post im Fernamt Riesa an (damals die 013), sagte die Adresse und den Text an („Hole dich in Leipzig ab. Gruß Werner“) und ließ mir die Gebühren übermitteln. Den Betrag legte ich in die Telefonkasse für private Gespräche und trug den Vorgang im Buch ein.
Tags darauf erhielt ich von der Abteilung für Sicherheit den Auftrag, eine Stellungnahme zu schreiben, da ich nach Hamburg telefoniert hätte. Die Information, dass ich ein Telegramm verschickt hatte, wurde offensichtlich von der Post ans Rohrwerk weiter gegeben. Wie hätte man dies sonst bemerkt? Es war die perfekte Überwachung, manisch anmutend.

Ich erläuterte, dass ich gar nichts zu schreiben gedachte, da sie den Zusammenhang nicht einmal begriffen hätten. Der Vorgang verlief darauf hin im Sand.

Als mein Schwiegervater noch Auto fahren konnte, besuchte er uns einmal im Jahr.
Bei der Einführung des Zwangsumtausches für Rentner schrieb ich ihm, dass die uns mal könnten, da träfen wir uns halt in Prag, wo auch wir hin dürften.

Ein älterer überzeugter Genosse aus der Parteileitung nahm mich zur Seite und meinte, dass ich vorsichtig sein solle, was ich in Briefen schreiben würde. Der Zusammenhang wurde mir klar, aber wenn niemand aufmucken würde, würden die in Berlin denken, wir wären alle etwas blöd und merkten nichts.

Genau so arg ist die Einschätzung eines guten Bekannten, der hauptamtlich bei Horch & Guck gearbeitet hatte, als ich ihm dies vor ein paar Monaten erzählte: „Du wärst zu DDR-Zeiten nie mehr nach Prag gekommen". Mich hätte man schon in Zinnwald zurückgepfiffen. Das hätte auch ohne Daumenabdruck im Pass funktioniert…
Die Staatssicherheit in der DDR war von der Aufgabenstellung und Vorgehensweise stark nach sowjetischem Vorbild organisiert. Sie waren „Tschekisten" und machten daraus keinen Hehl. Die revolutionäre Wachsamkeit ist durch Misstrauen gegenüber jedermann gekennzeichnet. Selbst Erich Honecker wurde von Mielkes Mitarbeitern observiert.
Dieses Misstrauen vergiftete das Miteinander der Menschen im Staat. Weil die Regierenden von panischer Angst erfasst waren, ihre Herrschaft zu verlieren, griffen sie zu immer mehr Überwachung, in dem Glauben, dass dies ihnen die Macht sichern würde.
Dass dies ein großer Irrtum war, hat die Wende 1989/90 bewiesen.

Als Genosse hatte ich mir erlaubt, meinen Schwiegervater in Hamburg am Krankenbett besuchen zu wollen, als er einen Schlaganfall erlitt.
Im Dezember 1988 ging ich mit einem DIN A4-Umschlag zur Polizei, um die Erlaubnis zu beantragen. Im Umschlag war eine Beurteilung meiner Person, unterschrieben vom Direktor und dem Parteisekretär.
Sie haben bürgten dafür, dass ich zurückkommen würde.
Beim Gespräch im Volkspolizei-Kreisamt saß außer dem Beamten, der mich befragte, noch eine Polizistin an einer Schreibmaschine. Sie tippte unaufhörlich, wahrscheinlich schrieb sie alles auf was ich sagte.
Maßgeblich wurde die Reiseerlaubnis vom Abschnittsbevollmächtigten der Volkspolizei im Wohngebiet beeinflusst. Ihm zur Seite standen einige Polizeihelfer. Wer also im Wohngebiet auffällig geworden war, hatte keine Chance, die Reise anzutreten. Hinzu kam, dass die Ablehnung eines Reiseantrages nicht begründet zu werden brauchte.

Die Ohnmacht, nichts gegen Schnüffelei tun zu können, war so sehr erniedrigend.
Die Zu- oder Absage für die Reise erfuhr der Antragsteller in Riesa am Vortag des Reisetermins, so dass man gerade noch den Schalter für Auslandsreisen auf dem Bahnhof erreichte, um die Fahrkarte zu erwerben. Damit wurde auch bekannt, mit welchem Zug man die Grenze überfahren würde.
Natürlich durfte ich nicht mit meiner Frau zusammen fahren, etwas Schikane musste man sich ständig gefallen lassen. An der Grenze schlug der Beamte der Grenztruppen seine Kladde auf und war über meine Anwesenheit im Zug informiert. Ohne Gepäckkontrolle hakte er mich ab.

Ich wollte meinen Kollegen im Betrieb auch keinen Ärger bereiten. Von Bekannten erhielt ich einen Kofferfarbfernseher geschenkt und wollte ihn mitnehmen. In Altona, vor der Zugabfahrt zurück in die DDR, bekam ich ein schlechtes Gewissen und gab den Fernseher zurück. Wenn dieser bei der Einreise bemerkt worden wäre, hätte ich ihn sowieso eingebüßt oder Hunderte Mark Zoll bezahlen müssen. Mein Betrieb wäre dann auch informiert worden und ich wollte keinen Trödel.
Als Genosse und Leiter eines Kollektivs wäre ein Parteiverfahren sicher gewesen.
In der Überzeugung, nichts dagegen tun zu können, hakte ich auch diese Angelegenheit ab. Es ist heute unglaublich, welchen Repressalien wir damals als DDR-Bürger unterworfen wurden.

Ich war zufrieden mit meiner Arbeit, nahm Herausforderungen an und war bereit, zu jeder Tages- oder Nachtzeit für mein Rohrwerk da zu sein.
Es war neben meiner verantwortlichten Tätigkeit auch noch der Sozialistische Wettbewerb zu organisieren. Das war bei unserem strebsamen und strengen Direktor nicht nur „bla-bla“. Es ging ihm wirklich um Ökonomie, konkret um eine niedrige Reklamationsquote für das Inland und den Export.
Das Ziel waren maximal 25 Pfennige Reklamationsverluste auf 1000 Mark Warenproduktion. Beim Export waren Reklamationen gar nicht vorgesehen.

Dann gab es da noch das Brigadeleben. Ich hatte auch meinen Anteil daran, dass es nicht bei Veranstaltungen allein mit Umtrunk blieb.
Wir unternahmen Besuche des Fernsehturmes in Dresden, Wochenendfahrten ins Erzgebirge mit Besuch einer Sternwarte oder eines Museums. Auch wenn scherzhaft gemault wurde:„Immer die Kultur…“
Noch heute schwärmen die ehemaligen Kollegen davon.

Neulich sprach mich unsere ehemalige Vertrauensfrau der Gewerkschaft an und forderte mich auf, für unser ehemaliges Kollektiv wieder einen „ Brigadeabend" mit Ehepartner zu organisieren. Ich werde es wohl auch tun...

Die Aufnahme der DDR in die UNO hatte zur Folge, dass die in der Weltgemeinschaft üblichen Regeln bei der Wahl des Wohnortes auch für unsere Bürger galten. Die von den Russen gelenkten älteren Herren im Zentralkomitee hatten dies jedoch so schnell nicht begreifen wollen oder dürfen. Es bedeutete eine Abkehr vom bisherigen politischen Kurs und von jahrelanger Abgrenzung von der westlichen Welt.

Einige Bürger in Riesa nahmen das Recht auf Wahl des Wohnortes ernst und stellten Anfang der 80er Jahre einen Ausreiseantrag in Richtung BRD. Dies sorgte bei den Behörden für helle Aufregung.

Nachdem keine Genehmigungen erteilt wurden, schrieben diese Bürger eine Petition an die UNO, in der sie ihre Forderung zur Ausreise bekundeten. Ich hätte den Vorgang mit Abstand verfolgen können, wenn nicht eine aktive Frau dieser Gruppe bei mir in der Abteilung als Gütekontrolleur tätig gewesen wäre. Luise Z. war eine sehr gewissenhafte Kollegin. Ich ahnte, was mir bevorstand.
Mir wurde die Frage gestellt, ob ich denn die Arbeit unserer hervorragenden Werktätigen weiter von einer Antragstellerin kontrollieren lassen wolle.

Ich äußerte ganz klar, dass dies zu entscheiden mir nicht zukäme. Sie hatte einen Arbeitsvertrag als Gütekontrolleur. Solange sie ihre Arbeitsaufgaben gewissenhaft und zuverlässig erfüllte, bliebe sie an ihrem Arbeitsplatz. Und wenn wir nun einmal UNO-Mitglied geworden waren, hatten wir die Möglichkeit der Ausreise zu respektieren. Ende der Durchsage. Diese Argumentation hatte ich mir schon zurechtgelegt.
Das mir auferlegte Gespräch mit meiner Mitarbeiterin habe ich geführt. Ich sollte versuchen, ihr die Ausreise auszureden.
Sie würde drei erwachsene Kinder zurücklassen, es wäre für mich persönlich ein Hinderungsgrund gewesen.
Es war zum damaligen Zeitpunkt völlig unklar, wann sie ihre Kinder einmal wiedersehen würde. Sie gab mir zu verstehen, dass im Familienrat dies schon abgestimmt worden sei und die Kinder ihr nicht im Weg stehen würden.
Damit war alles klar. Wir unterhielten uns noch, wie wir beide Ärger vermeiden könnten. Ich habe ihr versichert, dass sie weiter wie bisher zu

unserem Kollektiv gehören würde. Meine Truppe sah das genauso wie ich. Schikanen fielen grundsätzlich aus.
Die Familien der Ausreiseantragsteller wurden rund um die Uhr observiert. Als Luise wegen dieses Theaters nervlich am Ende war, schrieb sie die Ärztin krank. Sobald sie aus dem Haus ging, stieg aus dem Trabbi, der am Haus geparkt war, ein Mitarbeiter der Staatssicherheit verfolgte sie.
Als ich zum Krankenbesuch ging, rief ihr Mann aus dem Fenster, ich solle mich bei dem Kerl im Trabbi erst anmelden. Mich ging das nichts an, mitbekommen habe ich das schon.
Am Häuserblock war auch längere Zeit ein Zelt über einer Baugrube der deutschen Post aufgestellt. Zufall? Ich glaube nicht.
Ich habe mit Luise das Wesentliche besprochen. Sie war durch die ständige Begleitung der Männer aus dem Trabbi nervlich am Ende. In diesem Zustand konnte sie unmöglich im Rohrwerk ihrer Tätigkeit nachgehen.

Eines Tages kam die Information, dass am nächsten Tag eine Delegation der UNO das Rohrwerk besuchen würde. Ich sollte meine Mitarbeiterin während dieser Zeit zu einer Aussprache ins Büro holen. Ich dachte, ich spinne.
Diesen Zirkus habe ich mir nicht angetan, ich sagte zur Luise, dass sie am nächsten Tag frei habe. Sie erfasste die Situation ganz schnell und wir waren uns einig. So blieben uns Peinlichkeiten erspart.

Die Riesaer, es irgendwie schafften, die ARD sehen zu können, werden sich an die Sendung zum Besuch von Reporter Loewe in der Stadt erinnern. Diese begann mit dem Einblenden des in Sandstein gehauenen Spruches an der Volksbank :

Was Du nicht allein vermagst, dazu verbinde Dich mit Anderen die Gleiches wollen.

Leider wird, ich weiß nicht, ob absichtlich, dieser Spruch oft mit Werbeplakaten verhängt.
Dabei ist diese Aussage zeitlos gültig und sollte angesichts des Mutes ehemaliger Riesaer Bürger nicht für alle sichtbar sein!
Schließlich mussten die Behörden der Ausreise zustimmen. Wir verabschiedeten uns, wie es sich nach all den Jahren gemeinsamen Wirkens gehört: Mit Würde.

Unsere Reisen in die Sowjetunion

Das Rohrkombinat Riesa organisierte für verdiente Mitarbeiter als Auszeichnung eine Wolga-Don-Schiffsreise. Ich hatte das Glück, dabei zu sein. Nun hatte ich endlich die Möglichkeit, Land und Leute kennen zu lernen, zumindest einen kleinen Einblick zu erhalten. Meine Frau bezahlte die Reise und kam mit.
Unsere Reisegruppe bestand aus 50 Personen. Am 8.Juni 1981 fuhren wir voller Erwartungen zum Flughafen Dresden.
Es war unser erster Flug und ein bissel Angst spielte da schon noch mit. Nachdem wir aufgrund eines technischen Problems zwei Stunden länger im Transitraum warten mussten, begann der Flug. Wir starteten mit einer Interflugmaschine vom Typ TU 134 A in den Abendhimmel gen Osten.

Landung in Moskau.
Erste Eindrücke bei der Einreise.
Zollerklärung ausfüllen.
Ich half einigen Mitreisenden dabei.

Alle Wertgegenstände wie Schmuck und Fotoausrüstung mussten exakt notiert werden. Beamte kontrollierten das Dokument und rahmten zum Schluss die Eintragungen mit einem dicken Strich rundherum ein, damit ja nichts nachgetragen werden konnte.
Die Rubel wurden gezählt und die Schecks begutachtet.
Es dauerte ca. 1,5 Stunden, bis wir im Bus zum Hotel *Sewastopol* II saßen. Ich saß vorn und beobachtete, dass der Fahrer rote Ampeln ignorierte, da es nachts nur wenig Verkehr in den Außenbezirken Moskaus gab.
Das Hotel war anlässlich der Olympiade errichtet worden.
Um 2 Uhr waren wir endlich im Zimmer, um 5 Uhr wurden wir schon wieder geweckt. Zum Frühstück fuhren wir mit dem Bus zum Inlandsflughafen *Domodedewo.*

Die Wartesäle waren vollgestopft mit Menschen, beladen mit viel Gepäck, Matrosen mit Seesäcken, Kinder schliefen auf Bänken, Hausschuhe und die Tassen standen darunter.
Uns war es irgendwie peinlich, dass wir durch diese Menschenansammlung hinauf zu einem Restaurant geführt wurden, wo hinter Brokatgardinen ein prachtvoller Speiseraum auf uns wartete.
Die Fluggäste warteten oft geduldig tagelang, bis sie ein Flugticket

erworben hatten.
Sie sagten: „*Budjet, budjet*, es wird, es wird.“ Eine Mentalität, die uns Deutschen sicher ungewohnt erscheint.

Im Transitraum waren wir in der Reisegruppe plötzlich zwei Passagiere mehr. Da wir uns alle kannten, fiel das auf. Es waren unsere Informellen Aufsichtspersonen vom Ministerium für Staatssicherheit, also DDR-Bürger. Mit der Aeroflot-Maschine flogen wir nach Kasan.

Die Piloten flogen etwas rustikaler, als wir das von der DDR-Fluggesellschaft „Interflug“ gewohnt waren, aber alles ging gut. Die Busfahrt vom Flughafen führte durch ein Truppenübungsgelände, so sah es auch aus. In der Stadt hingen Fahrräder und Schlitten an den Balkonen. Fische waren zum Trocknen auf Leinen gefädelt und aufgehängt. Im vornehmsten Hotel haben wir Mittag gegessen, danach die obligatorische Stadtrundfahrt und Freizeit bis zum Einschiffen um 18 Uhr.

Wir bekamen einen ersten Einblick in die Versorgung der Bevölkerung. Aus einem Container heraus wurden Damensandalen verkauft. Da war nichts mit Anprobieren. Der Verkäuferin wurden die Kartons förmlich aus der Hand gerissen. Wahrscheinlich wurde danach irgendwie getauscht.
Im Kaufhaus gab es Heimelektronik, Glas- und Porzellanwaren sowie Textilien. Am Fleisch- und Wurststand war nicht viel Betrieb, die Auswahl begrenzt. Bei der Wurst entsinne ich mich auf nur eine rote Wurstsorte, die der Salami ähnlich sah.

Um 18 Uhr wurden wir nach alter russischer Sitte mit Brot und Salz an Bord willkommen geheißen. Bei der Vergabe der Kajüten auf dem Schiff erhielten wir eine im unteren Deck mit 2 Bullaugen. Zunächst waren wir etwas traurig darüber, aber es sollte sich als Vorteil an sehr warmen Tagen erweisen.
Wenn wir nachts zur nächsten Station fuhren, hörten wir das Plätschern der Wellen, es schlief sich vorzüglich.

Die Wolga ist durch das Anstauen mit bei uns bekannten Flüssen nicht zu vergleichen. Bei Kasan ist sie an der Oka-Einmündung 40 km breit.
Um 7 Uhr Moskauer Zeit war es vorbei mit der Nachtruhe (Ortszeit 8 Uhr). Im Lautsprecher ertönten das Ticken eines Weckers und ein Hahnenschrei. In russischer Sprache erfolgten die Nachrichten, danach die „vertraute“ Stimme der Ansagerin vom Bordfunk der „Kosma Minin“, so hieß unser Schiff, gebaut in den 60er Jahren auf der Elbewerft in Boitzenburg. Kosma

Minin war ein russischer Kaufmann aus Nishni-Nowgorod und Befehlshaber des Russischen Landsturmes. Zusammen mit dem Fürsten Posharski vertrieben sie 1612 die polnischen Truppen und befreiten Moskau. Beiden Helden hat man neben der Basiliuskathedrale auf dem Roten Platz ein Denkmal gesetzt.
Zurück zum Bordfunk: Jeden Tag wurde als erstes erläutert, in welchem Salon welche Gruppe das Frühstück einnehmen würde. Danach wurde der Tagesplan bekanntgegeben. Man konnte diese ätzende Geräuschkulisse nicht abschalten.
Während wir im rechten Ufer entlangfuhren, waren Städte und Betriebe am anderen Ufer weit entfernt.
An Schleusen konnten beide Ufer eingesehen werden. Einmal fragte ich die Hauptreiseleiterin, eine Dame von *Intourist*, dem russischen Reisebüro, an welchen Städten wir gerade vorbei fahren würden. Die Antwort: „Hätten Sie heute früh Bordfunk gehört, dann wüssten sie das!" Ich reagierte ungehalten.
Doch die Mitarbeiterin hatte neben den Aufsichtspflichten offensichtlich auch erzieherische Aufgaben zu erfüllen.
Im krassen Widerspruch dazu stand das Verhalten des gesamten Personals, mit einer Ausnahme, der Kulturmieze, wie wir sie scherzhaft nannten.
Ja, und dann waren da noch unsere beiden Herren vom Ministerium für Staatssicherheit.
An einem Abend fand im Musiksalon eine Disko statt, an der auch einige wenige Besatzungsmitglieder teilnahmen. Eine junge Russin trug ein T-Shirt, auf dem eine große amerikanische Flagge aufgedruckt war. Ich fragte unseren „Bewacher", was er davon hielte. Ja, meinte er, da könne er leider nichts machen. So weit gingen seine Kompetenzen nicht. Andere Kompetenzen hatte er also damit bereitwillig zugegeben. Das stimmte nachdenklich, denn wir sollten uns doch eigentlich unbeschwert erholen auf der Schiffsreise.

Über Lenin erfuhren wir nahezu alles, denn er wurde in Uljanowsk (früher Simbirsk) geboren und wirkte hier.
Bei allen Ausflügen mit ortsansässigen Reiseleitern wurden wir äußerst freundlich behandelt. Uns erstaunte die Kenntnis über die deutschen Humanisten, allen voran Goethe und Schiller.
Von den deutschen Volksliedern konnten sie alle Verse singen. Da käme mancher Deutsche ins Schleudern.
Ich habe die Ehre unserer Gruppe etwas gerettet, indem ich den Ausspruch von Ostrowski aus dem Roman „Wie der Stahl gehärtet wurde" brachte:

Das Wertvollste, was der Mensch besitzt, das ist das Leben. Es wird ihm nur ein Mal gegeben. Er sollte es so nutzen, dass er einmal sagen kann, er hat es dem Edelsten gegeben, der Befreiung der Arbeiterklasse.

Mehrfach versuchten wir, Briefkontakt anzuknüpfen. Vergebens! Dies verbot man diesen Menschen offensichtlich grundsätzlich. Und wenn sie dagegen verstoßen hätten, wären sie wahrscheinlich ihren Job beim Reiseunternehmen losgeworden.
Diese Denkweise hatte sich bei den Russen wohl seit Jahrzehnten so festgesetzt.
Die Angst, jemand könnte einmal über den „Eisernen Vorhang“ blicken und sehen, dass es sich auch anders leben lässt.

An einem Sonntag sollte das Bordfest steigen, das von den Urlaubern gestaltet werden sollte. Unser Reiseleiter, Christian Züchner, im Rohrwerk unser Hauptbuchhalter, nahm mich zur Seite und erklärte mir, dass er dringend auf meine Mitarbeit angewiesen sei.
Da ich nie nein sagen konnte, war ich dabei: Ansager und Mitwirkender beim „Tanz der Schwäne“ und beim Volkstanz „Birke“.
Während die anderen Urlauber sich sonnten, probten wir mehrfach im Musiksalon. Die Kulturmieze beschäftigte uns ordentlich, bis alles reibungslos lief. Ihr Ärger war, dass wir einiges nicht so richtig ernst genommen hatten. Schließlich waren wir im Urlaub.

Bordfest

Herrlicher Sonnenschein. Die Bühne war das Sonnendeck, die Zuschauer saßen unter den Planen im Schatten.
Ich eröffnete die Veranstaltung, nicht ohne den ehemaligen Trainer unserer Fußballmannschaft „Stahl Riesa“, Walter Fritzsch, zu begrüßen. Er gehörte zur Reisegruppe. Und da kann sich jeder vorstellen, dass Thema Nr.1 bei Gesprächsrunden an Bord Fußball war. Inzwischen trainierte er mit Erfolg Dynamo Dresden.

Weiter ging es, Ballettkleidung anlegen: Badehose und um die Hüfte eine Rüsche aus Toilettenpapier, auch als Kopfschmuck. Nachdem die 4 Schwäne „gestorben“ waren und auf der Bühne lagen, ging die Musik weiter. Drei der Schwäne wurden wieder zum Leben erweckt, ich blieb als gestorben liegen und wurde nun von den lebenden Schwänen von der Bühne getragen.

Und zwar ausgesprochen professionell, den zwei Mitglieder unserer Schwanengruppe gehörten einer Reisegruppe der Stasi-Schule aus Potsdam an, beide sportliche junge Männer. Gelernt ist gelernt, möchte man meinen…

Brausender Beifall, alles noch einmal!
Gleiches beim Volkstanz „Birke“. Wir Männer mit Kopftuch und langem Rock, ein Gaudi.
Meine Frau wartete ein Deck tiefer mit der Kleidung, das Umziehen musste schnell gehen.
Am Ende war es uns gelungen, ein ordentliches Programm auf die Bühne zu bekommen, die Zuschauer hatten ihre Freude.

Wolgograd (ehemals Stalingrad)

Diese Stadt ist mit so vielen schlimmen Erinnerungen auf beiden Seiten verbunden. Wie würden uns die Menschen entgegentreten? Würden wir Ablehnung zu spüren bekommen? Mit gemischten Gefühlen betraten wir die Gedenkstätte. Links und rechts der riesigen Freitreppe zum Monument der „Mutter Heimat“ sind Szenen aus der Schlacht von Stalingrad dargestellt. Wir erreichten das Portal zum „Saal des Ruhmes“. An dessen rechter Seite Darstellungen von Marschall Shukow und Generalfeldmarschall Paulus, aus dem Inneren der Gedenkstätte hörten wir, vorgetragen vom Pjatnitzki-Volkschor, die „Träumerei“ von Robert Schumann.
Ich glaube, überzeugender kann das Streben nach Versöhnung zwischen Russen und Deutschen kaum zum Ausdruck gebracht werden.

Davon beeindruckt legten wir unsere Nelke im „Saal des Ruhmes“ nieder und schritten den Weg entlang der Gedenktafeln, auf denen die Namen der gefallenen Sowjetsoldaten verewigt sind, zum oberen Ausgang, vorbei an der Plastik einer Mutter, die ihren gefallenen Sohn beweint. Die „Mutter Heimat“ ist eine 75m hohe Statue einer Frau, die ein Schwert zum Himmel gerichtet in der Hand hält.
Tausende Menschen besuchen täglich diese Gedenkstätte.

Bis zur Abfahrt unseres Schiffes hatten wir Zeit für einen Einkaufbummel in der Stadt.

Ich versuchte, in einer Buchhandlung eine Landkarte zu erwerben, aus der zumindest der Verlauf des Flusses zu ersehen war, damit man wusste, wo uns unsere weitere Schiffsreise entlang führte. Erst wollte mich die Verkäuferin nicht verstehen, aber dann gab es die klare Antwort: „*Njet*!“. Geheimhaltung war halt alles.

Ich glaube, dass die russischen Menschen unterscheiden konnten zwischen den Kräften, die Deutschland den Krieg aufgezwungen hatten und den einfachen Menschen.
Wir besichtigten noch die Autostadt Togliatti, in der der Lada gebaut wurde. Voller Stolz berichtete der Reiseleiter, dass im Firmenzeichen des Lada der Bug des Schiffes von Stephan Rasin dargestellt ist.
Stephan Rasin, der Kosaken-Ataman (Befehlshaber), führte von 1666 bis 1671 den Aufstand der Bauern an und wurde dafür hingerichtet. Rasin, eine russische Legende, besungen in vielen Liedern und Dichtungen.

Am Wolgastrand war Freizeit vorgesehen. Der Strand war dicht mit Sonnenanbetern belegt. Temperatur über 30 Grad, der Sand so heiß, dass man kaum auftreten konnte.
Ich wollte so schnell wie möglich baden und lief zügig ins Wasser. Ich war ganz schnell wieder draußen! Das Wasser hatte nur 12 Grad. Hinterher erfuhr ich den Grund:
Die Wolga friert im Winter bis über 4m Tiefe zu, im Mai schwimmen noch Eisreste auf dem Wasser. Deshalb sind im Juni nur Eisschwimmer Badegäste.

Die Fahrt durch den Wolga-Don-Kanal mit seinen wunderschönen Portalen folgte. Sie sind eine architektonische Meisterleistung. Sehen konnten wir nicht alle, weil viele Schleusen nachts passiert wurden. Wir durften nicht fotografieren, aus Sicherheitsgründen. Reiseleiter und Schleusenmitarbeiter machten einen Riesenkrawall, wenn ein Tourist den Fotoapparat ans Auge nahm. Wo doch per Satellit jeder Quadratmeter schon damals gefilmt war, war das ein unnötiger Sicherheitsaufwand.

Ich mit meiner EXA Spiegelreflexkamera schaute von oben hinein und hatte sie vor dem Körper hängen. So entstanden doch noch einige schöne Aufnahmen.

In Rostow am Don wurden wir von einem Kinderensemble mit einem bunten Programm aus Tänzen und Liedern am Kai willkommen geheißen. Danach war ein Freundschaftstreffen mit Mitarbeitern des einheimischen Ausbesserungswerkes für Lokomotiven vorgesehen. Durch die Verspätung der Schiffsankunft um 2 Stunden warteten die Gastgeber schon lange auf uns. Die Blumen ließen schon die Köpfe hängen, doch die Begrüßung war herzlich.

Gemeinsam schauten wir dem Programm zu, Artistik vom Feinsten und viel Gesang. An den Klang der herrlichen Bassstimmen erinnere ich mich oft bei Konzerten der Don-Kosaken in Deutschland.

Wir besuchten noch zweimal als Touristen dieses Land, zum Winterbaden in Jalta und Sotschi.

Diese Erfahrungen stehen im krassen Widerspruch zum Wirken der sowjetischen Geheimdienste nach dem Ende des 2.Weltkrieges. Das russische Volk sieht vieles anders und lebt in sehr einfachen Verhältnissen. Der Jugend wird die Achtung vor den Helden des Krieges mit in die Wiege gelegt.

Bei allen Gesprächen mit den Menschen in der ehemaligen Sowjetunion kam die Sehnsucht nach dauerhaftem Frieden immer wieder zum Ausdruck. Ich glaube nicht, dass dieses Verhalten uns gegenüber nur gespielt war.

Doch zurück zum Alltag - in der Wendezeit.

Wendezeit, Einstieg in das System der Marktwirtschaft.

In der DDR gab es einen gesicherten Arbeitsplatz, ein funktionierendes Sozialsystem, was würde uns nun erwarten?
Wie ging es im Betrieb weiter? fragten wir uns.
Sollten wir uns freuen?
Die SED hatte ich verlassen, weil sie die Lehren von Karl Marx nicht konsequent vertrat und wir mit vielen Unwahrheiten konfrontiert worden waren. Das wahre Sagen hatten die Russen, nach wie vor. Nach Marx' objektiven Gesetzen wird der Sieg einer Gesellschaftsordnung durch die höhere Arbeitsproduktivität entschieden. Aus diesem Grund war unser System des Sozialismus in der DDR gesetzmäßig zum Scheitern verurteilt. Karl Marx hätte es sicher so eingeschätzt, würde er noch leben. Es wurde seitens der Parteiführung auch kein Hehl daraus gemacht, dass wir auf dem Gebiet der Arbeitsproduktivität auf dem Niveau Italiens standen.
Wenn überhaupt!

Meine Devise war, fleißig weiter zu arbeiten, alles andere würde sich finden. Der Mannesmann-Konzern hatte das Rohrwerk von der Treuhand zugesprochen bekommen, also ging es erst einmal gedrosselt weiter.

Die Qualitätssicherung wurde nun nach EU-Vorschriften organisiert, ich wurde der Vorgesetzte der Werkssachverständigen mitsamt erfahrenen und zuverlässigen Kollegen. Unser System der Qualitätssicherung im Rohrwerk entsprach im Wesentlichen schon diesen Vorgaben. Schrittweise wurden die meisten Fertigungsbereiche geschlossen, sprich: abgewickelt. Nur eine Walzenstraße, die modernere Rohrstoßbank, blieb letztlich erhalten. Und dort wurde ich Betriebsingenieur, verantwortlich für Qualitätssicherung und die Einhaltung der neuen Vorschriften.

Kurz nach der Übernahme des Werkes durch Mannesmann klingelt der Pförtner bei mir an und sagte, ich solle eine Frau bei ihm abholen. Plötzlich meldete sich eine Stimme, es war Luise Z., die ehemalige Ausreiseantragstellerin. Ich war so aufgeregt, wir umarmten uns. Das war die Bestätigung meines Handelns zur damaligen Zeit. Ich konnte ihr gerade und guten Gewissens in die Augen schauen.

Luise wollte ihre ehemalige Arbeitstelle besuchen und mit Kolleginnen und Kollegen sprechen. Mit Stolz berichtete sie mir, dass sie in einer Schraubenfabrik in Gelsenkirchen die Qualitätskontrolle übernommen hätte und ihr Chef über ihr Engagement und Können staunen würde.

Meine ersten Kontakte mit den neuen Leitern des Mutterkonzerns habe ich noch genau im Gedächtnis. Produktionsdirektor Müller betrat Montag früh das gemeinsame Dienstzimmer und legte in eine Zeichnung eingewickelte Rohrabschnitte auf den Tisch.
Wir, mein Chef und ich, sollten uns das einmal ansehen.
Ich schlussfolgerte daraus, dass er unser Können abklopfen wollte. Für mich kein Problem.
Irgendein Freund wird Herrn Müller (dieser Name ist echt!) wohl gesagt haben, er solle die fehlerhaften Proben mal in Zeithain untersuchen lassen! Während mein Chef noch lange nachfragte, entfernte ich mich höflich und leitete das Nötige an Untersuchungen ein. Es waren geschweißte Edelstahlrohre mit Schweißnahtfehlern, undicht geworden in einem Wärmetauscher. Um 14 Uhr lag der Bericht auf dem Tisch der Sekretärin. Ab sofort wollte der Chef, dass ich nun bei den Rapporten anwesend sei. Wenn ich die Folgen damals geahnt hätte…

Der nächste Auftritt, diesmal im Walzwerk. Als Rohrwalzer von der Pike auf war ich stets an der Basis, im Walzwerk, zu finden. Mir entging kaum etwas. Wenn es Probleme gab, ich kam. Natürlich im Schlosseranzug. Herr Müller meinte, man könne mich als einen Vorarbeiter ansehen, bei Mannesmann trüge ein Ingenieur Schlips. Was blieb mir übrig? Wenn ich das vergleiche mit DDR-Zeiten, da waren die Arbeiter die herrschende Klasse und wir Ingenieure bessere Erfüllungsgehilfen. Auch in der Bezahlung stand der Unterschied, netto gemessen, zur Verantwortung in keinem Verhältnis.
Da ich es aber noch nicht sein lassen konnte, ein Werkzeug selbst in die Hand zu nehmen, handelte ich mir eine Abmahnung ein.

Unsere Rohre, die an den Mutterkonzern geliefert wurden, meistens per Lkw, zogen beim Eintreffen in Mülheim die Mitarbeiter an, die diese Aufträge gern selbst übernommen hätten. Die Heckklappe des Lkw wurde geöffnet und in die Rohre hinein gefühlt, ob vielleicht noch etwas Grat von der Rohrendenbearbeitung zu finden sei. Wenn ja, dann Klappe zu und zurück nach Zeithain!

Es war Freitag gegen Mittag, ein Lkw war beladen, der Fahrer wartete schon ungeduldig. Ich kontrollierte die Rohrbunde und fand in einigen Rohren noch etwas Grat. Schnell holte ich mir eine Feile und beseitigte den Mangel. Irgendjemand hatte mich verpfiffen. Auf alle Fälle ereilte mich am folgenden Montag eine Belehrung, wie ich mich hätte richtig verhalten müssen:

Rohre abladen lassen, einen Verantwortlichen hinzu holen, der die Regulierung veranlasst und eine Meldung an den verantwortlichen Leiter erstellen.

Ich betrachtete diese Abmahnung als nochmalige Belehrung, dass der Ingenieur nicht die Arbeit der Werker zu erledigen habe, sondern in erster Linie die Aufsicht führt. Nach zwei Wochen war die Abmahnung nicht mehr in der Personalakte.

Die Geschäftsleitung hatte inzwischen registriert, dass man mich überall hin schicken konnte, wo eine Reklamation zu beheben war, der Schiffsversand zu überwachen oder in einem anderen Unternehmensteil Rohre kontrolliert werden mussten.

So musste ich, scherzhaft als ehemaliger „Reisekader Bezirk Dresden“, von Hamburg über Krefeld bis nach Burghausen in die Spur gehen.
Das war eine echte Herausforderung, schon allein vom Verkehr auf den bundesdeutschen Autobahnen her.

Auch an der Rohrstoßbank war mir keine Mühe zu viel, wenn es darum ging, ein Problem zu lösen.
Bei einem Besuch in einer Hamburger Spedition an der Alster wurde ich zum Kaffee beim Direktor eingeladen. Er war interessiert, wie es denn in Sachsen so liefe, besonders jedoch im Röhrenwerk. Ich berichtete ihm, dass gerade ein Streik vorbereitet würde. Von ihm erfuhr ich von der Rolle der Gewerkschaftsbosse. Damals war Steinkühler IG-Metall-Chef. Er erzählte mir, wo dieser Mann überall in den Aufsichtsräten säße und sogar Vorsitzender sei. Was da für Summen gehandelt würden. Dort wurde mir klar, dass es Leute wie ihn nicht interessierte, ob die Kumpels in Zeithain Arbeit haben. Die Konzerne bezahlen die Gewerkschaftsbosse doch nicht, damit diese ihnen Probleme bereiten.

Der Streik wurde angesetzt, um dafür einzutreten, dass die Tarifverträge erhalten blieben.

Diesen jedoch in Zeithain durchzuführen war aus meiner Sicht sträflich. Nach dem Wegbrechen des alten Kundenstammes mussten wir doch durch Liefertreue und Qualität wieder Ansehen bei neuen Kunden zu erwerben. Aber nach den vergangenen Wochen der Unsicherheit sollten die Kumpels spüren, dass sie mitbestimmen durften. „Alle Räder stehen still, wenn dein starker Arm es will!“
Das war noch im Gedächtnis….

Nach meiner Rückkehr aus Hamburg erklärte ich den Austritt aus der Gewerkschaft und beschloss, nicht am Streik teilzunehmen. Einer Kollegin aus dem Betriebsrat erklärte ich die Gründe meines Austritts. Steinkühler wurde dann übrigens aus dem Amt entfernt….

Am ersten Streiktag ging ich wie gewohnt zur Arbeit. Man ließ mich am Werkseingang passieren, nur eine ehemalige Kollegin aus dem Magazin schrie: „Rote Socke!“ Die konnte mich mal am Abend besuchen, dachte ich so bei mir und ging weiter.
Am nächsten Tag: Wir, die so genannten Streikbrecher, trafen uns vorsorglich im Dorf, denn man wusste nicht, was die große Menge machen würde, wenn sie von Betriebsrat und Gewerkschafts- Funktionären aufgebracht würde.

Die Geschäftsführung wollte keine Konfrontation, es wurde eine Lösung gefunden.
Ein leitender Mitarbeiter, der als Vertreter der Geschäftsleitung am Streikmeeting teilnahm, berichtete, dass unter Beifall durch den Betriebsrat verkündet worden war, der Streikbrecher Laaser würde aus der Gewerkschaft ausgeschlossen. Zwar hatte ich das selbst schon lange vorher beschlossen, aber so etwas kam an bei den Streikenden.
Am Himmelfahrtstag gab es im Zelt vor dem Werktor Bratwurst und Bier…

Ein weiterer Streikbrecher hätte angeblich nicht gewusst, dass er als Leiter auch streiken dürfte. Dann trug er sich sogar als Streikposten für den Abend ein. Wer dachte, die Zeit der informellen Mitarbeiter wäre vorbei, der irrte sich gewaltig!

Erstaunlich ist für mich die Tatsache, dass die ehemaligen Kollegen bei der Wahl des Betriebsrates nicht danach geschaut hatten, welche Posten die Kandidaten zur DDR-Zeit innehatten. Irgendwie hatten wir das alles schon mal…

Während in Zeithain die Räder still standen, freuten sich die Kollegen im Röhrenwerk Mülheim, sie konnten die Rohre walzen, für die Zeithain beauftragt gewesen war. Ich wage zu behaupten, dass der Streik in den Osten verlegt wurde, weil die Unterstützung aus der Streikkasse billiger ausfiel und auch die Verluste für den Konzern niedriger lagen.
Ich erledigte ungeachtet dieser Vorkommnisse gewissenhaft meine Arbeit, in dem Glauben, dass man mir meinen Einsatz fürs Unternehmen zu Gute hält. Das war ein großer Irrtum. Mir wurde der Vorruhestand angeboten, wobei ich mit 60 Jahren ohne Abzüge in Rente gehen konnte.
Die Leiter der Rohrstoßbank setzten sich beim Geschäftsführer dafür ein, mich zu behalten. Da jedoch auch der Betriebsrat ein gewichtiges Wort mitzusprechen hatte, war es ab 1994 aus für mich. Der Betriebsrat hatte mich wohl in schlechter Erinnerung behalten.
Mitarbeiter, die sich dem Betriebsrat angepasst hatten, durften weiter im Rohrwerk verbleiben. Die Rolle des Betriebsrates sollte es unter anderem sein, für den Frieden im Unternehmen einzutreten. Deshalb wird sich auch jede Geschäftsleitung hüten, den Betriebsrat zu verärgern.

Die Regelung für meine Zukunft als Rentner seitens des Unternehmens muss ich jedoch als fair anerkennen, gemessen an den vielen Menschen, die ohne eine Absicherung plötzlich auf der Straße standen.

Mein Leben nach dem Rohrwerk...

Mit einem Anschreiben musste ich mich noch im Dezember 1993 beim Arbeitsamt in Großenhain melden. Der Gang dorthin war eines meiner deprimierendsten Erlebnisse. Dies ging wahrscheinlich vielen ehemaligen DDR-Bürgern so.
Am Eingang eine Besuchermarke abzuholen und dann von Zimmer zu Zimmer geschickt zu werden, das ist schon schlimm. Irgendwie läuft diese Tortour auf den Verlust der Menschenwürde hinaus. Die DDR-Industrie war unter den Hammer gekommen, vieles was hätte sicher weiter existieren können, ist jedoch abgewickelt worden - und Konkurrenz beseitigt.

Für mich gab es kein Jammern, ich kümmerte mich und spielte im Rahmen des Zulässigen den guten Geist in einem Bürocenter. Alle handwerklichen Arbeiten vom dem Aufarbeiten von Tonerkassetten bis zum Rasen mähen waren kein Problem für mich.

Um geistig fit zu bleiben, befasste ich mich mit der Flugzeugtechnik, dem Triebwerksbau und allem, was dazu gehört. Ein Freund von mir arbeitet bei der Motoren- und Triebwerksunion in München als Testingenieur. So haben wir immer reichlich Gesprächsstoff, wenn wir uns besuchen.

Eines Tages sprach mich ein früherer Kollege an, der jetzt beim TÜV-CERT Unternehmen zertifiziert, ob ich gewillt sei, eine fachliche Aufgabe zu übernehmen. So wurde ich Mitarbeiter des Geschäftsführers eines Unternehmens der Kfz-Zulieferindustrie. Herr Ing. Helmut Radke ist ein großartiger Mensch. Er gehört zu denen, denen man uneingeschränkt Vertrauen entgegenbringt.

Natürlich war das Arbeitsgebiet mit Härteverfahren und den hohen Ansprüchen an die Qualitätssicherung in dieser Branche Neuland für mich. Ich fand einen fachlichen Partner, der mir half, mich in der neuen Materie zurecht zu finden. Danke, Arnulf Schubert! Er selbst war verärgert über sein Unternehmen, weil man ihm die Motivation genommen hatte. Sensible Menschen verschließen sich dann.

Ich holte ihn aus dieser Isolation heraus.
Gemeinsam lösten wir fachliche Probleme. Seine Erfahrungen werden heute noch dringend benötigt.

Immer wieder informierte ich mich umfassend in der Fachliteratur. Hinzu kamen noch Aufgaben im Unternehmen „REKARD“ in Györ (Ungarn). Kontakte mit Stahlhändlern und Unternehmern in den alten Bundesländern erweiterten mein Wissen ebenfalls.

In diesem Zusammenhang bin ich Herrn Dr. Günter Peschke von einem Unternehmen in Landsberg sehr dankbar. Er hat mich über die modernen Verfahren der Herstellung von Edelstählen aufgeklärt. Mit ihm habe ich auch Stahlwerke besucht.
Dr. Peschke ist gebürtiger Freiberger und hatte an der Bergakademie studiert, bevor er in einem Hüttenwerk im Ruhrgebiet Qualitätschef wurde. Wir stehen heute noch in Verbindung.
Mehrere Probleme der Qualitätssicherung und Technologie konnte ich erfolgreich in Herrn Radkes Unternehmen lösen. Mit dem Ausscheiden des Chefs aus dem Unternehmen war diese sehr effektive Phase meines Berufslebens beendet.

Wenn ich einmal vergleiche, mit welchen Möglichkeiten die Stahlwerke in der westlichen Welt Edelstähle herstellen konnten, und wie wir das in unserem Stahlwerk Riesa bewältigen mussten, dann war das eine Leistung. Legieren der Stähle und der Abguss des Flüssigstahls unter Schutzgas, daran war nicht zu denken. Dazu fehlten einfach die technischen Voraussetzungen.
Die gleiche Situation herrschte in anderen osteuropäischen Stahlwerken. Mit dem Verantwortlichen für Einkauf von Material im Meißner Unternehmen war ich in Ostrava (Tschechien), um die Möglichkeiten des Stahleinkaufes für Fahrzeugteile auszuloten. Der Sauerstoffgehalt der Stähle war so hoch, dass mit Qualitätsproblemen gerechnet werden musste. Der Preis des Stahles war um ein Drittel niedriger. Das verlockte einen Einkäufer schon. Dennoch nahmen wir Abstand von diesem Lieferanten.

Bereits die Besichtigung des Stahlwerkes wurde uns verwehrt, mit Hinweis auf Weisungen aus Prag.
Hier zeigte sich einmal mehr, dass mit niedrigen Erlösen die Unternehmen nicht in der Lage sind zu modernisieren.

Zum großen Jubiläum des Dresdener Flughafens war „Tag der offenen Tür“ im Unternehmen IMA Materialforschung und Anwendungstechnik GmbH. Dort werden unter anderem Teile und Baugruppen von Flugzeugen unter Dauerbelastung getestet. Ich kam am Stand der Ultraschallprüfung mit der Standbetreuerin ins Gespräch.

Sie meinte, dass ich der richtige Mitarbeiter bei der Überwachung der Tests am Flugzeug A 340/600 wäre. Ich erhielt eine Einladung zum Gespräch. Rumpfteile und die Tragflächen waren in der Halle in einer Prüfeinrichtung montiert. Es sollten 15.000 Starts und Landungen simuliert werden.
Die Teile werden überwacht, um Risse oder Verformungen zu erkennen. Ich stand schon zur Einweisung auf der rechten Tragfläche. Dann kam das Aus: Die zulässigen Verdienste bei Rentnern unter 65 Jahren sind so niedrig angesetzt, dass ich trotz Verzichtes auf einen Teil der Rente bei einem Netto-Stundenlohn von 4,11 DM angekommen wäre.

Dies sah die Personal-Chefin ein. Sie zahlten normalerweise Gehälter, die dieser verantwortlichen Tätigkeit entsprechen. Schweren Herzens nahm ich das zur Kenntnis und verabschiedete mich.

Heute jammert man in der Wirtschaft über den Mangel an ingenieurtechnischem Personal, wenn es aber so gehandhabt wird wie in meinem Fall, ist das im Grunde kein Wunder.

Mein Suchen nach einer neuen politischen „Heimat“

Ich wollte mich nach den Wirren der politischen Vergangenheit einordnen, wollte nicht im Abseits stehen, wollte etwas Nützliches für die Gesellschaft tun.

In Großenhain arbeitete eine sehr aktive Stadtorganisation der CDU. Wie sich der Bürgermeister Müller um die vielen Belange der Stadt kümmerte, war rührend. Irgendwie hatte man in der Parteileitung mitbekommen, dass ich ein aufgeschlossener Bürger bin. Ich wurde zu einem Besuch bei dem CDU-Abgeordneten Herrn Bierling im Bundestag eingeladen.
Wir besichtigten den Reichstag und erfuhren viel über die verschiedenen Ämter und Einrichtungen der Regierung.
Zum Vorzugspreis von 10,- DM konnten wir in der Ausstellung im Deutschen Dom das Buch „Fragen an die deutsche Geschichte“ erwerben. Noch im Bus, ich blätterte das Buch durch, entdeckte ich auf der Seite 420 ein Bild „Disco im FDJ-Klub 1977“.
Bitte schauen Sie sich im Anhang dieses Bild an!
Einige Leser werden sich an ihre Jugend in diesen Jahren erinnern.
Über Geschmack lässt sich bekanntlich streiten.
Auch über das Tragen von Hakenkreuzen als Symbol, selbst wenn sie durchgestrichen sind, debattieren noch heute Presse und Bundesverfassungsschutz.

Was hätte man wohl 1977 in der DDR zu solchen Aufmachungen inkl. Frisuren gesagt?
Die gab es damals in diesem Stil noch nicht, genauso wenig wie die im Bild befindliche Plastiktüte – eine Disko war das ganze schon gar nicht. Vielleicht eine Schwarzgaststätte der Vorwendezeit, vielleicht ein Berliner Szenetreff kurz nach dem Mauerfall. Jedenfalls nicht das, wofür es verkauft wurde.

Hier ist doch die Absicht des Herausgebers dieses Buches eindeutig erkennbar.

Unsere Besuchergruppe war empört über dieses Bild. Am 26.09.2000 schickte ich einen Brief an den Bundestagspräsidenten und äußerte mich auch über die Hintergründe dieser übelsten Verleumdung. Dabei muss man noch beachten, dass dieses Buch in 3 Sprachen erschienen ist.
Herr Thierse stammt aus der DDR, unverständlich, dass er zu diesem Machwerk noch das Vorwort geschrieben hat.
Ich erhielt tatsächlich eine Antwort von Dr. Lachmann. Er hatte sich im Auftrag des Bundestagspräsidenten bei mir für mein Schreiben bedankt und mir bestätigt, dass dieses Bild auf Seite 420 selbstverständlich keine „Disco im FDJ-Club 1977“ zeigt. Eine Neuauflage sei in Arbeit, wo dieses Foto nicht mehr erscheinen wird. Das ist jedoch eine Lüge. Ich habe „nachgefasst“.
Als mein Nachbar Werner K., auch CDU-Mitglied, ein Jahr später den Bundestag besuchte, bat ich ihn, nachzusehen, ob dieses Bild in den Büchern noch immer zu finden ist.
Ja, es war leider so.

Ähnlich erniedrigend die Seiten 422/423. Dort wird zum Zustand der DDR-Industrie ein Abfallwaggon gezeigt, von dem Filmstreifen herab hängen. Beschriftet ist das Ganze als „Verrottete Industrieanlagen im Fotochemischen Kombinat Wolfen im Dezember 1989“. Wenn der Bundestag sich von einem Fotoreporter Bilder zuarbeiten lässt, der nicht einmal in der Lage ist, einen Müllwaggon von einer Industrieanlage zu unterscheiden, dann ist wiederum die Absicht erkennbar.

Während meiner Tätigkeit im Rohrkombinat war ich auch verantwortlich für die Endkontrolle der Edelstahlrohre für ebendiese Filmfabrik. ORWO-Filme waren weltweit geschätzt. Da wurden höchste Anforderungen an eine saubere Innenoberfläche gestellt, um zu verhindern, dass eventuell Partikel haften bleiben könnten und bei der nachfolgenden Gelatine-Charge einer anderen Farbe diese beeinträchtigen könnten.

Dieses Foto beleidigt doch im höchsten Maße die ehemals dort Beschäftigten, die unter schwierigen Bedingungen täglich ihre Arbeit taten.

Bei den Lesern aus dem In-und Ausland entsteht so der Eindruck, alles in der DDR sei marode gewesen.
Ein anderes Beispiel aus der Branche, in der ich tätig war:
Im Rohrwerk Zeithain wurden bis zur Wende an beiden Walzstraßen monatlich 10.000 t warmgewalzte Rohre gefertigt und an Abnehmer im nichtsozialistischen Wirtschaftsgebiet geliefert.
In der Regel mit neutralen Bundanhängern, damit der Endverbraucher nicht erfuhr, dass die Rohre in der DDR hergestellt waren.

Die großen Versandhäuser in der alten Bundesrepublik haben sich eine goldene Nase an Erzeugnissen beispielsweise aus der Konfektionsindustrie verdient.
Unsere Tante Erna arbeitete in Großröhrsdorf in einer Fabrik für Herrenhosen. Vom Quelle-Versand wurde gefordert, dass bei den Nähten eine bestimmte Anzahl Stiche pro cm genäht werden mussten. Dies wurde beim Wareneingang genauestens kontrolliert. Wenn ein Stich fehlte, kam die Reklamation. Ergebnis: Preisnachlass, Einkaufspreis 3,- DM je Hose.

Weil wir jedoch Devisen benötigten, um auf dem Weltmarkt zum Beispiel für die Stahlerzeugung notwendige Ferrolegierungen zu kaufen, lieferten wir zu Konditionen, wo unter dem Strich nicht viel übrig blieb für Investitionen. Das sollten wir nicht vergessen!

Das Buch „Fragen an die deutsche Geschichte“ ist für mich ein Beispiel dafür, wie von der Rot-Grünen Koalition versucht wurde zu hintertreiben, dass Deutschland zusammenwächst. Die SPD war ohnehin vor der Wende gegen eine Wiedervereinigung.

Mehr versprach ich mir von der CDU, als ich mich nach mehreren Gesprächen mit Mitgliedern in Großenhain entschloss, dieser Partei beizutreten. Man war an meiner Mitarbeit ehrlich interessiert.
Ich wollte mithelfen, dass einiges anders und ehrlicher wird.
Nach all den Wirren in den vergangenen Jahrzehnten kam ich zu der Überzeugung, dass es beim Zusammenleben in der Gesellschaft keine Alternative gibt zum ehrlichen Miteinander nach christlichen Moralvorstellungen.

Obwohl ich Mitglied der SED war, war der Kontakt zur evangelisch-lutherischen Kirche in Riesa West nie verloren gegangen. Meine Frau Ute gehörte der Kirche an. Ich schätze die Offenheit, die Pastoren mir gegenüber zeigten. Pfarrer Forker sprach mich scherzhaft mit „Genosse Laaser“ an. So bekam er aber auch Ärger mit seinen Dienstherren, als er mich zu DDR-Zeiten zum „UNO-Jahr der Frau“ eingeladen hatte.

Ich sollte dem Generalsekretär des Weltbundes der Evangelischer Kirchen, Dr. Maul, berichten, welchen Stellenwert die Frauen im Rohrkombinat Riesa haben. Dazu hatte ich als Abteilungsleiter genügend Praxiserfahrung gesammelt.

An den Diskussionsabenden in der Kirche zum Thema „Schwerter zu Pflugscharen“ nahm ich teil, weil dieser Gedanke auch für mich sehr wichtig erschien. Gerade heute ist diese Idee aktueller denn je.
Es spricht leider niemand mehr darüber, erst recht nicht die CDU!
In der Riesaer Klosterkirche ist zu diesem Thema noch eine Ausstellung zu besichtigen. Hier stellt man sich der christlichen Verantwortung für den Frieden in der Welt.

Pfarrer Großmann erreichte zur Wendezeit durch seine Autorität und seine Umsicht im von vielen Stahlwerkern bewohnten Stadtteil Riesa/Gröba, dass die politische Umwälzung friedlich verlief. Provokateure hatten im Gotteshaus keinen Platz.

Als vor 3 Jahren Pfarrer Großmann in den Ruhestand versetzt wurde, bat mich der Kirchenvorstand, dass ich als Außenstehender zu diesem Gottesdienst in der Kirche sein Eintreten für ein friedliches Miteinander würdige. Das habe ich gern getan.

Die Kirchgemeinde unternahm 2006 einen Gemeindeausflug in die Frauenkirche nach Dresden. Da wir noch in Großenhain wohnten und mit dem PKW anreisten, fragte mich Pfarrer Ziemer, ob ich es übernehmen würde, zeitiger vor Ort zu sein, um die Plätze für die Gehbehinderten im unteren Kirchenschiff zu reservieren. Ausgerüstet mit einem Schreiben des Pfarrers Fritz konnte ich den Mitarbeiter der Sicherheitsfirma überzeugen. Ich führte die zumeist älteren Gemeindemitglieder auf ihre Plätze und spürte Dankbarkeit.
Nach dem gemeinsamen Mittagessen im Pulverturm waren wir zu einem Gespräch in der Kreuzkirche mit beiden Pfarrern aus der Frauen- und Kreuzkirche geladen.

Wer die menschliche Wärme des Pfarrers Fritz miterlebt hat, zweifelt an der Richtigkeit des Beschlusses der evangelischen Kirche Sachsens, ihn auf Grund persönlicher Probleme vom Dienst in der Frauenkirche zu suspendieren. Ich glaube schon, dass ich mit meiner Meinung nicht allein da stehe.

Wenn die evangelisch-lutherische Kirche konsequent wäre, müsste sie auch gegen den Missbrauch christlicher Moralauffassungen durch die CDU auftreten. Ich beziehe mich auf das „C" im Parteinamen. Die praktische Politik, allein die Rechtfertigung und aktive Teilnahme an Kriegseinsätzen, widerspricht zutiefst christlichem Denken und Handeln.
Dagegen anzugehen, wäre ein Akt, der gleichzusetzen wäre mit Dr. Martin Luthers offenen Protest gegen den Ablasshandel der katholischen Kirche. Das war übrigens die Geburtsstunde der evangelisch-lutherischen Kirche, die Reformation.

Zur Verabschiedung nach dem Besuch in der Frauenkirche vereinbarte ich ein Gespräch im Pfarramt Riesa-West.
Beim Pfarrer Kröhnert erläuterte ich mein Anliegen, wieder der Kirche beitreten zu wollen.
Am 2. Sonntag im September 2006 wurde ich dann in die Kirche aufgenommen. Ich fühlte mich wohl dabei.

In den Zusammenkünften der Partei im Kreis Riesa-Großenhain sprach ich mehrfach Probleme an, die unsere Menschen bewegten.

Dann meldete ich mich beim Generalsekretär K. in Dresden an. Ich hatte mich vorbereitet und wollte mit ihm über einige Themen sprechen. Zunächst verspätete sich der Herr und dann merkte ich, dass er Termindruck vorgab und offensichtlich kein tiefgreifendes Gespräch mit mir führen wollte .Gleiches Verhalten hatte ich in einer Mitgliederversammlung in Großenhain schon mit seinem Amtsvorgänger Winkler erlebt.

Als Frau Merkel in einer Rede erklärte, dass uns mit den USA transatlantische Werte verbinden, legte ich in der Mitgliederversammlung meinen Standpunkt dar.

Diese „Werte" sind aus meiner Sicht Missachtung des Völkerrechts und Missachtung der Interessen anderer Nationen. Natürlich blieben meine Ausführungen wieder ohne Antwort.

Aber in einer Partei muss man doch über solche grundsätzlichen Dinge sprechen können! Das war mein vielleicht naiver Glaube.
So etwas kommt den Parteiorganisationen an der Parteibasis offensichtlich nicht zu.
Diskutiert wurde oft auf dem Nachhauseweg. Ähnlich kannte ich das schon aus den Zeiten in der SED. Dort wurde über grundsätzliche Dinge zwar gesprochen, aber bis nach Berlin gelangte aber nichts. Ich glaube jedoch, dass Hans Modrow, der Dresdener Parteichef und späterer Ministerpräsident, den Mut besessen hatte, in Berlin etwas zu sagen. Schließlich machte er sich auch für den Wiederaufbau der Semperoper stark, in Zeiten, wo alle Förderungen nach Berlin geflossen sind. Das sollten wir nicht vergessen. Wie sich doch die Bilder gleichen, gemessen an der Entscheidung über das „Wende-Denkmal“ durch den Bundestag 2007!

Ich erklärte kurz und sachlich meinen Austritt aus der CDU, der mit außerordentlichem Bedauern akzeptiert wurde.
Christliche Werte spielen in der Politik der CDU keine Hauptrolle mehr. Mein Versuch, wieder eine politische Heimat zu finden, ist gründlich schief gelaufen.

Kinder und unsere Verantwortung für sie

Kinder sind das wertvollste Gut, das wir besitzen. Sie bedürfen unseres besonderen Schutzes und unserer Förderung. Wenn Kriege toben, sind sie es, die am meisten leiden. Bilder, die um die Welt gehen, mit weinenden und verzweifelten Kindern in mitten von rauchenden Trümmern, zerreißen mir das Herz. Ich glaube, das Bild eines Jungen, der im Irak beide Arme eingebüßt hatte und hilflos auf der Trage lag, widerspiegelt die ganze Grausamkeit des Krieges.
Wie soll dieser Junge sein Leben meistern können?
Und die Bundesrepublik Deutschland mischt in diesem Krieg mit. Den Bundestagsmitgliedern sollte man so ein Bild in Großformat in den Reichstag hängen, damit sich die Befürworter des Kriegseinsatzes der Bundeswehr bewusst sind, welche Schuld wir dabei auch auf uns laden. Kann man denn im Interesse vom Zugang zu Erdöl, Bodenschätzen und Absatzmärkten jegliches menschliche Gefühl abschalten? Zurückhaltung wäre das Mindeste, was wir Deutschen beweisen sollten. Allein schon aus historischer Verantwortung.

Während des Krieges, der in Jugoslawien tobte, waren Flüchtlinge in Sachsen untergebracht. Vor dem „Groschenmarkt“ in Gävernitz saß ein ärmlich gekleideter Mann mit seinem vielleicht 4 Jahre alten Sohn. Ich hatte beide nur flüchtig wahrgenommen. Nach meinem Einkauf ging ich zu den beiden hin. Der Bub hatte eine Puppe im Arm. Diese war selbst gefertigt, so wie auch ich das noch aus den Nachkriegsjahren kenne. Im Markt hatte ich einen großen Korb mit Plüschtieren entdeckt.
Ich versuchte, dem Vater zu erklären, was ich vorhatte, nahm den Buben an die Hand, ging mit ihm in den Markt und er suchte sich einen der süßen Hunde aus.
Das strahlende Gesicht werde ich nicht vergessen. Der Vater konnte es auch kaum fassen. Wenn man sich vorstellt, dass diese Kinder zu Hause kein Dach mehr über den Kopf haben…

Ich möchte den Leser dazu bringen, sich bei all dem täglichen Stress auch einmal Gedanken zu machen, welche Auswirkungen Kriege gerade für Kinder haben, und dass Deutschland sich daran aktiv beteiligt.

Folgend eine Episode, die meine Einstellung zu Kindern unterstreicht:

Mit meinem Sohn Torsten, der in Pforzheim eine Fahrschule betreibt, war ich zum 40. Geburtstag eines guten Bekannten eingeladen. Ursprünglich sollte meine Frau Ute mitgehen, aber Torstens Sohn, unser Alex, war mit zu Besuch, so blieb die Omi bei ihm. Das Geburtstags-„Kind“ bekam von der Familie eine Harley geschenkt. Torsten als Motorradfreak musste natürlich den Harley-Witz zum Besten geben: „Warum kleben die toten Fliegen hinten auf dem Helm des Fahrers einer Harley? Weil die Fliegen schneller sind!“
Es war eine tolle Stimmung. Mit Beginn der Dämmerung wurde ein Lagerfeuer angezündet und zwei kleine Jungen, Adrian, Sohn der Familie, und sein Freund Hannes waren eifrig dabei, Holzstücke ins Feuer zu werfen. Beide reichlich 3 Jahre alt. Da die Muttis stark beschäftigt waren, habe ich die beiden zur Seite genommen, damit nichts passiert.

Wir saßen zusammen auf einem Mauersims und erfreuten uns am Knistern des Feuers. Plötzlich schmiegte sich Hannes an meinen linken Arm und erklärte mir, dass er traurig ist, weil er keinen Opa hat. Ich antwortete ihm, dass er mich dafür nehmen könne.
Dass ich ihm damit eine große Freude bereitet hatte, wurde mir erst später klar. Er wich mir nicht mehr von der Seite.

Was ich nicht mitbekommen hatte, war die Tatsache, dass beide Muttis unser Treiben schon lange beobachteten.
Als die Mutti dann mit ihm nach Hause gehen wollte, gab es Tränen…
Da ich, wie bereits erwähnt, an einem erheblichen Sprachfehler leide, ich kann nicht „nein" sagen, spiele ich meine Rolle als Weihnachtsmann offensichtlich gut. So hatte ich auch meinen Dienst am Heiligabend 2006 zugesagt.

Nachdem ich Adrian mit der Rute verwarnt hatte, da er laufend den Kater am Schwanz zog und auch den Opa wegen seines nach Aussage der Oma zu hohen Bierkonsums anzählte, erhielt ich selbst eine Karte, gerichtet an den Weihnachtsmann .

Darauf war ein Bild von Hannes. Auf der Rückseite war sein Wunsch zu lesen, der Weihnachtsmann möchte ihm bitte helfen, den Opa wiederzufinden.

Das war für mich wie ein Geschenk. Ich versprach der Familie, dass ich mich darum kümmern würde.

So hatte ich Heiligabend einen Enkel geschenkt bekommen, ein schönes Gefühl. Meine Ute hat sich mit mir gefreut.
Im Januar unternahmen wir zusammen den ersten Waldspaziergang, wir besuchten den Flughafen in Dresden. Im Sommer hatten wir den Kleinen mit im Garten. Er fühlt sich sehr wohl bei uns und ist glücklich, wieder Oma und Opa zu haben.
Am letzten sonnigen Sonntag im Oktober haben wir gemeinsam mit seiner Mutti die Wildfütterung in Moritzburg besucht.

Zurück zur bundesdeutschen Realität, speziell zum Schulsystem

Dass unser Schulsystem immer weiter den Bach heruntergeht, scheint auch von den regierenden Parteien in Wirklichkeit niemanden zu interessieren. Die Schulen sind kaum in der Lage abzusichern, dass der Unterricht entsprechend des Stundenplanes gewährleistet wird.

Ausfallstunden und unzureichende Vertretungen sind an der Tagesordnung. Hier kommt der Staat seinen Verpflichtungen schlicht und einfach nicht genug nach. Warum sind Schulklassen überfüllt? Wieso funktioniert die Integration von Kindern aus anderen Staaten nicht richtig?

Schüler und Eltern werden zusätzlich permanent mit den Problemen von Schulschließungen konfrontiert. Dieses Dilemma möchte ich anhand eines konkreten Dramas aus Sachsen erläutern:

Johanngeorgenstadt im Erzgebirge 2005/2006

Dies ist eine Stadt, die bekannt war durch den schwungvollen Abbau an Uranerz in den Nachkriegsjahren durch die Sowjetisch-Deutsche Aktiengesellschaft „Wismut", den Tourismus und die Betriebe zur Herstellung von Handschuhen, Kindermoden, Badeöfen, Werkzeugmaschinen.
Der Bergbau war schon zu DDR-Zeiten beendet, die Industrie wurde nach der Wende abgewickelt. Um aus diesem Tal wieder herauszukommen, haben sich die Johanngeorgenstädter vorgenommen, der heranwachsenden Schuljugend eine vorbildliche Bildung zu sichern. Die Pestalozzi-Mittelschule wurde für die Bedingungen der Gebirgsregion eingerichtet. Das Gebäude ist mit textilem Fußbodenbelag ausgelegt, Schuhwerk und dicke Wintersachen blieben in der beheizten Garderobe.
Für 4.000.000 € erfolgte eine Modernisierung.

Am 27.05.2005 wurde dann vom Sächsischen Staatsministerium für Kultus der Mitwirkungsentzug verfügt. Wie das klingt!!

Ein Team von Schülern (darunter auch unsere Enkelin Mandy Schlegel) hielt in einer Zeitschrift diese Geschehnisse für die Nachwelt fest. Ich habe die Erlaubnis, meinen Ausführungen Auszüge (siehe Anhang) beizufügen.

Es ist bezeichnend, wie mit dem Willen der Menschen in dieser gebeutelten Region umgegangen wurde. Am eindruckvollsten ist dabei das Plakat, welches die Kleine trägt: „Wir wollen lernen und nicht Bus fahren".
Die Schüler werden nun also nach Eibenstock gekarrt, was im Winter bei den Straßenverhältnissen auf dem Kamm des Erzgebirges ein Lotteriespiel ist.
Daraus folgen Unterrichtsausfälle und Wartezeiten an den Haltestellen ….
Da fährt der Bus nicht pünktlich, wenn die Straßen zugeweht sind oder Glatteis den Verkehr zu Erliegen bringt. In Dresden interessiert das in der Landesregierung niemanden. Es lebt sich eben bequemer mit Dienstwagen, Tiefgarage und Chauffeur.
Angesichts der jährlichen Steuerverschwendungen in Sachsen in Millionenhöhe ist das Drama nicht zu verstehen.

Für 60 Millionen € wurde in der Nachbarschaft in Schneeberg die Kaserne modernisiert, jetzt ist der Standort geschlossen, aber für unsere Kinder ist kein Geld da. Aus der knappen Stadtkasse mussten sogar noch die Gerichtskosten bezahlt werden, welch feine Demokratie!
Daran erkennt man das System:

Im Interesse der Bürger ein Gericht anrufen? Das wäre noch schöner! Aber den Verantwortlichen der Steuergeldverschwendung passiert nichts, sie machen weiter.
Einen Johanngeorgenstädter möchte ich noch erwähnen, es ist Tom Pote. Er hat sich für den Erhalt der Schule maßgeblich engagiert und ist zur Wahl angetreten für das Stadtparlament. Glückwunsch von mir. Solche jungen Menschen braucht das Land!

Gerade den Bürgern in Johanngeorgenstadt hätte ich es gewünscht, dass ihre Schule erhalten bleibt. Die Heimatverbundenheit dieses Völkchens habe ich im September 2007 erlebt.

Die Stadt war mit der Austragung des Sächsischen Berg- und Hütten-Tages 2007 betraut. Bergleute und Bergkapellen aus ganz Deutschland waren zu Gast.

Die Stadt war, wie schon erwähnt, in den Nachkriegsjahren durch die SDAG Wismut gekennzeichnet. Der Zusammenhalt und die Gastfreundschaft sind bis heute erhalten geblieben.
Beim bergmännischen Zapfenstreich oder beim Konzert der 400 Musiker aller Bergkapellen lief es vielen heiß und kalt über den Rücken.

Mit den Stimmen aus mehreren tausend Kehlen erklang jeweils zum Abschluss das Steigerlied "Glück auf, Glück auf!". Zur Bergparade mit 1.700 Teilnehmern war sogar unser Ministerpräsident zugegen.

Unser Bundespräsident hielt 2006 eine bezeichnende Rede zu der Bildungssituation in Deutschland. Dieses Herangehen entsprach auch meinen Vorstellungen. Ich habe mich mit einem Brief an Ihn gewandt. Diesen Brief werde ich nur auszugsweise zitieren, um nicht andere Menschen und mich selbst in unnötige Schwierigkeiten zu bringen. Sie werden in Anbetracht der angeschnittenen Themen meine Sorge verstehen.

Großenhain, am 26.09.2006

Hochverehrter Herr Bundespräsident,

mit großem Interesse habe ich Ihre Berliner Rede gelesen. Es ist wohltuend, dass Sie dieses für unser Vaterland so wichtige Thema gewählt haben. Beeindruckend ist dabei der Bezug auf die wissenschaftlichen und humanitären Traditionen unseres Volkes.
Das seit Jahren sinkende Niveau, auch des Allgemeinwissens, ist auf die Folgen der immer mehr auf Konsum und Gewaltanwendung orientierten Beeinflussung der Menschen durch die Medien zurückzuführen.

Die Eltern investieren jährlich Millionen €, um die Kinder und Jugendlichen per Mausklick auszubilden, zum Töten und zur Gewaltanwendung. Die Leipziger Spielemesse war ein Bombengeschäft.
Sollten nicht von der „Heldenstadt“ andere Signale ausgehen?
Einem Volk mit relativ niedrigem Wissensniveau kann man wiederum die dicksten Lügen erzählen und es hat für viele unpopuläre Entscheidungen der Regierung sogar noch Verständnis.

Während meines Lebens als Erwachsener war mein Leitspruch: „...dass ich erkenne, was die Welt im Innersten zusammen hält.“
(Goethe : „Faust“)...

...Ich war bis vor einem Monat Mitglied der CDU und habe kritisch Stellung bezogen zur aktuellen Politik. Frau Merkel hat betont, dass uns mit den USA transatlantische Werte verbinden, die aus meiner Sicht wären: Folter, Verschleppung, Missachtung des Völkerrechts, Kriege....

Ich erhielt auf meine vielen Anfragen keine Antwort. Auch habe ich versucht, mit der sächsischen CDU ins Gespräch zu kommen. Vergeblich. Auch das ist ein Merkmal ungenügender Bildung.
Viele Menschen denken so wie ich und gehen aber nicht zur Wahl. Es wird zu viel gelogen in der Politik.

Diese Tendenz ist verhängnisvoll und gefährdet den Fortbestand der deutschen Nation und unseres Ansehens in der Welt. Selbst Wissenschaftler verlassen Deutschland, weil sie gegen bestehende Konzerninteressen auftreten...
Um noch einen Beitrag zur Bildung zu leisten, stehe ich in ständiger Verbindung mit Prof. Gnaugk von der staatlichen Studienakademie Bautzen, Fachrichtung Wirtschaftsingenieurwesen.

Ich kann die fachliche Arbeit nicht ruhen lassen.

Dabei möchte ich ein Problem ansprechen. Wieso leisten wir es uns in Deutschland, ein Potential von Wissen und Erfahrungen auf Halde liegen zu lassen, anstatt dies jungen Menschen zu übermitteln?

Ich stehe zur Verfügung, wenn es darum geht, Studenten meine Erfahrungen aus der Praxis zu erläutern, wie ein Ingenieur herangehen sollte, wenn er Probleme zu lösen hat.
Dabei ist die Identifizierung mit dem Unternehmen wichtig, und wichtig ist auch, sich mit der Materie benachbarter Wissensgebiete zu befassen.
Ich denke schon, dass es gelingt, Pensionäre zu gewinnen, die ihre Erfahrungen im Dienste einer besseren Bildung einsetzen würden.

Um wieder auf unsere großen Humanisten zurück zu kommen, möchte ich abschließend an die Worte von Friedrich Schiller erinnern:

„Wir wollen sein ein einzig Volk von Brüdern, in keiner Not uns trennen noch Gefahr…“

Den Rütlischwur haben wir 1952 in der DDR-Grundschule gelernt und er ist Bestandteil meines Allgemeinwissens geworden.

Ich hoffe und wünsche, dass Ihre Forderungen für eine bessere Bildung durchgesetzt werden.

Für Ihr verantwortungsvolles Wirken wünsche ich ihnen Erfolg und Gottes Segen.

Hochachtungsvoll

Werner Laaser

Anmerkung: In der Anlage sende ich Ihnen meine Bitte an die CDU/CSU-Bundestagsfraktion zu, aus der zu ersehen ist, dass man einfach eine 08/15-Antwort aus dem PC als Antwort versendet, die in keinem Fall auf die Anfragen eingeht. Früher stand in der Schule unter einem derartigen Aufsatz: „Thema verfehlt, 5.“

Ich hatte die Fraktion aufgefordert, dem weiteren Einsatz der Bundeswehr in Afghanistan und Irak aus völkerrechtlichen und humanitären Gründen nicht zuzustimmen.

Wider Erwarten erhielt ich schon Anfang Oktober eine Antwort vom Bundespräsidialamt, welche ich den Lesern nicht vorenthalten möchte. Angesichts der von mir angesprochenen unbequemen Themen gehe ich davon aus, dass meine Einschätzungen als richtig und wahr angenommen worden sind. Der Respekt vor dem Staatsoberhaupt verbietet es mir, daran zu zweifeln. Lesen Sie selbst im Anhang.

Wie ich dem Bundespräsidenten mitgeteilt hatte, wollte ich kooperativ sein und richtete ein Schreiben an den Ministerpräsidenten von Sachsen, Herrn Milbradt. Mit Hinweis auf den akuten Mangel an Ingenieuren in der sächsischen Wirtschaft und mit Verweis auf meinen Schriftverkehr mit dem Bundespräsidenten schlug ich folgendes vor:

- Bildung einer Agentur, bei der sich noch arbeitswillige Angehörige der technischen Intelligenz eintragen lassen können.
- Es werden ihre Erfahrungen registriert.
- Die Unternehmen können sich dann bei Bedarf informieren, welcher Spezialist ihnen helfen könnte.

Dabei ist natürlich hinderlich, dass sofort wird von staatlichen Stellen überprüft wird, ob Rentnern unter 65 Jahren die Rente gekürzt werden kann. So erging es mir bei meinem geplanten Einsatz im Institut für Matrialanwendungstechnik (IMA) Dresden, der so nicht zustande kam.

Nach Wochen erhielt ich Bescheid, dass ich mich mit meinem Anliegen an die Handelskammer Leipzig wenden sollte.
Von dort wurde ich an das Büro des „Senior Experten Service" Dresden weitergereicht. Was nun folgte erinnert an einen Sketch des Urbayern Carl Valentin „Der Buchbinder Wanninger":
Der Buchbinder ruft bei der Firma Meißel an und möchte nur mitteilen, dass die Bücher fertig sind, die beauftragt waren. Er wurde immer wieder an eine andere Abteilung verwiesen: Sekretariat, Abteilung 3, Ingenieur Plaschek und und und.
Immer erläuterte er wieder neu sein Anliegen, bis er entnervt aufgab. Wahrscheinlich liegen die Bücher für die Firma Meißel noch heute verstaubt in einem von Wanningers Regalen.
So erging es mir, niemand wollte ernsthaft mit mir sprechen.

Wir vereinbarten einen Besuchstermin in der Sächsischen Aufbaubank Anfang August. Der Herr H. erläuterte mir kurz sein Vorhaben, ein Pilotprojekt für Schulen und Gymnasien ins Leben zu rufen. Dies sollte in Abstimmung mit dem Kultusministerium geschehen, um für Studienfachrichtungen zu werben, in denen Sachsen dringend Nachwuchs benötigt. Nach 15 Minuten war das Gespräch infolge eines anderen Termins beendet…

Zu Hause angekommen, machte ich mir konkrete Gedanken zur praktischen Durchführung. Die Zusammenarbeit mit Schulen, vor allem Gymnasien, Studieneinrichtungen und sächsischen Unternehmen sollten Kernpunkte sein. Ich informierte das Büro.

Es herrschte eisiges Schweigen. So fragte ich am 26.09.07 per E-Mail nach, ob die Luft aus dem Projekt heraus sei. Herr H. bat mich um Geduld bis zum 5.10.07, er habe noch keinen Gesprächstermin im Kultusministerium bekommen.

Ich möchte mich beim Ministerpräsidenten entschuldigen, dass ich mir Gedanken gemacht und ihn behelligt habe. Inzwischen war ja nun die Sommerparty bei der Koalition. Dort hat man sich vor Freude auf die Schultern geklopft und die Katze aus dem Sack gelassen.
Den Mangel an Fachkräften lösen wir durch ausländische Ingenieure. Keine Ausbildungskosten und dann arbeiten die Leute auch noch für weniger Geld. Warum sollten wir unsere Jugend zu fördern?
Es hat lange gedauert, bis ich das begriffen habe.

Mein weiteres Interesse an der Politik

Nun wieder als Parteiloser verfolge ich das Geschehen weiter.

In der Freizeit befasse ich mich wie schon erwähnt mit der Flugzeugtechnik und mit werkstoffkundlichen Dingen wie in meiner beruflichen Vergangenheit.

Als im Fernsehen ein Bericht gesendet wurde zur Schiffskatastrophe der ESTONIA-Fähre, standen mir die Haare zu Berge. Die Ursache für das Unglück sollte in der Behandlung (Entzunderung) der warmgewalzten Blechtafeln beim Bau der Fähre in der Meyerwerft Papenburg begründet gewesen sein. Hier wird also ein deutsches Unternehmen beschuldigt. Nur ist diese Behauptung eben fachlich nicht haltbar. Ich hatte mich intensiv mit

dem Thema beschäftigt und rief am Folgetag bei der Werft an und erklärte meinen Standpunkt. Verständlicherweise verwies man mich an den Havariekommissar H. in Hamburg. Dieser war an einer Konsultation interessiert, organisierte mir ein Flugticket von Dresden und so flog ich nach Hamburg. Dort wurde ich mit den 1:1-Unterwasseraufnahmen von den Zerstörungen am Wrack, den Untersuchungsberichten und den Modellen, welche auch im Fernsehen gezeigt wurden, konfrontiert. Herr H. setzte mich in seinen Beratungsraum, den ich nicht verlassen sollte, die Sekretärin versorgte mich mit Essen und Trinken. Nun musste ich mich erst einmal mit dem Vokabular des Schiffbaues, wie Atlantiksicherung, Bodenverriegelung usw. auseinandersetzen. Nach 3 Stunden blickte ich durch und ich erläuterte mein Ergebnis. Anhand meines Fachbuches „Metallografie“ von Prof. Schumann (Rostock) konnte ich meine Überlegungen überzeugend darlegen. Herr H. ließ sofort die Autorin des Buches „Die Estonia“, Frau Jutta Rabe, telefonisch suchen. Wir sprachen miteinander und ich konnte Ihr bestätigen, dass Ihre im Buch dargelegte Sicht der Dinge mit meiner übereinstimmt. Ich bot ihr weiter eine zusätzliche Konsultation in einem zugelassenen Prüflabor an. Nachdem Herr H. wusste, auf welcher Seite ich stehe, lockerte unser Gespräch sichtlich auf. Er gab mir zu verstehen, dass er wohl weitere Aktivitäten in diesem Fall einstellen wird.
Das Buch von Frau Rabe ist im Buchhandel zu erwerben und liest sich wie ein Krimi, den man kaum aus der Hand legen möchte.

Im Sommer 2007 wurde große Aufregung verbreitet. Bei Vattenfall brannte in einem Kernkraftwerk ein Trafo. In einer längeren Leserzuschrift an die Sächsische Zeitung „Tschernobyl ist nicht überall“ legte ich in allgemeinverständlicher Form dar, dass ein solcher Brand in jeder Trafostation auftreten kann und absolut nichts mit dem Kernreaktor zu tun hat. Die Frage der Zukunftsfähigkeit Deutschlands im Allgemeinen und der Kernenergieerzeugung im Besonderen wird momentan wieder heiß diskutiert, das Thema schlägt Wellen.
So wundert es auch nicht, dass mit Tschernobyl bei der Bevölkerung unberechtigte Ängste geschürt werden. Dabei gibt es zwischen den russischen und deutschen Reaktortypen erhebliche Unterschiede in den Betriebssystemen und in der Reaktorsicherheit.
Der Störfall in Tschernobyl ist durch menschlichen Leichtsinn und verantwortungslose Experimente verursacht worden,
die bei der Auslegung der deutschen Sicherheitssysteme gar nicht möglich sind.
Die üblichen kugelförmigen Reaktorgebäude aus Stahlbeton halten beispielsweise einem abstürzenden Flugzeug stand. In Tschernobyl gab

es nur eine normale Werkhalle.
Natürlich sind moderne und weitgehend emissionsfreie Technologien der Energieerzeugung auf die Dauer vorzuziehen, hier aber wurde einfach Stimmung gemacht und keiner hat es bemerkt:
Ein Trafobrand in einem Kernkraftwerk ist kein Störfall. Gleiches wäre zu sagen, wenn dort das Pförtnerhaus abbrennt.

Gewalt

Immer wieder gibt es im Zusammenhang mit Fußball bei Dynamo Dresden gewalttätige Ausschreitungen. Das wird in den Medien immer wieder mit Feuereifer aufgegriffen und breitgetreten. Auch in anderen deutschen Städten gibt's Krawalle. Die Stadien sind aber auch die Orte, wo manche meinen, in der Anonymität ihren Frust abreagieren zu können und Action live zu erleben. Es drängt sich mir der Verdacht auf, dass hier gezielt Bericht erstattet wird, um ostdeutsche Vereine in der Bundesliga einfach unmöglich zu machen.
Wie gesagt, das ist meine persönliche Meinung.
Wenn ich an den Bombenangriff auf Dresden denke, wie meine Frau ihn erleben musste und dann die bürgerkriegsähnlichen Vorgänge nach dem Fußball im Fernsehen anschaue, dann muss die Wut hochkommen.
Da wird zerschlagen, was wieder aufgebaut worden ist.
Aber die Gewalt wird schließlich auch in den Medien rund um die Uhr propagiert.

Wer Wind säht, wird Sturm ernten.

Demokratie?

Die Medien und Politiker befleißigen sich immer wieder, Schmutz über die ehemalige DDR auszubreiten. Dabei handelte es sich um Millionen Menschen, von denen die meisten genau wie im Westen fleißig ihrer Arbeit nachgegangen sind.

Von der ursprünglichen Bedeutung des Wortes „Demokratie“ als Volksherrschaft sind wir in dieser Gesellschaft weit entfernt.

Oskar Lafontaine hat im Jahr 2008 Kritik geübt am Engagement der Bundesrepublik an dem Krieg der USA im Irak und in Afghanistan und folgendes richtig analysiert:

Zwei Drittel der Bevölkerung ist gegen den Einsatz der Bundeswehr in den Konflikten der Welt, aber zwei Drittel der Bundestagsabgeordneten stimmen dafür.
Wo wird da der Wille des Volkes respektiert?
Parteien, die gegen die Beteiligung an völkerrechtswidrigen Aktionen auftreten, werden in übelster Form diffamiert und bekämpft.
Die Rede von der Demokratie hört schlagartig auf, wenn es gegen die Interessen der herrschenden Großkonzerne geht.
Dabei ist es diesen Kreisen gelungen, in jahrzehntelangen Bestrebungen die Abgeordneten in den Bundestag zu bringen, die ihre Interessen vertreten.
Dafür werden sie auch reichlich entlohnt.

Die „Zuwendungen" durch VW an Abgeordnete sind aus dem Sumpf der Affären doch nur durch Unachtsamkeit ans Tageslicht gekommen. Die Spitze eines Eisberges.

Für gesetzliche Änderungen muss es eine Lobby im Bundestag geben. Das habe ich persönlich erfahren, als ich mich für die Gleichstellung der Autofahrer engagierte, die ihren Wagen auf Erdgas oder Autogas haben umbauen lassen.
Zunächst wurde Erdgas bis 2020 steuerlich begünstigt und bei Autogas sollte diese Regelung 2009 beendet sein.
Grundsätzlich wird bei Gasbetrieb ein verminderter CO_2- und Stickoxidausstoß erreicht, also verringert sich die Umweltbelastung. Da Autogas kein Schwefel enthält, fällt auch kein Schwefeldioxid als Ursache des sauren Regens an. Der Unterschied zwischen beiden Gasarten liegt im Betriebsdruck der Gasanlagen. Während Erdgas bei 200 bar flüssig ist, genügen bei Autogas 8…10 bar. Damit ist die Auslegung der Behälter- und Rohrwanddicken beim Erdgas gewichtiger. Aus diesen Konstruktionsdetails jedoch unterschiedliche gesetzliche Regelungen abzuleiten, ist nicht nachvollziehbar. Als ich dies äußerte, wurde ich zurückgepfiffen, weil eventuell die Lobby im Bundestag durch meine klaren Forderungen verschreckt werden könnte. Die sachlichen Gründe schlossen jedoch die Ungleichbehandlung aus. Nun soll die Vergünstigung für beide Gasarten bis 2018 bestehen bleiben.

Dann hat die SPD zum Parteitag Ende Oktober 2007 beschlossen, für ein Tempolimit von 130 km/h auf deutschen Autobahnen einzutreten.
Ob sie das hinbekommen, ist fraglich, weil die Lobby der Autoindustrie und der Mineralölkonzerne das verhindern wird.

Gerade VW hat „seine“ Abgeordneten zuhauf im Bundestag. Es hört sich aber für den Stimmenfang zur nächsten Wahl erst mal gut an. In anderen Ländern funktioniert es und ist ein echter Beitrag zum Umweltschutz. Die Anzahl schwerer Unfälle sinkt deutlich. Wenn man es wirklich ernst meinen würde mit der Verringerung des CO_2-Ausstoßes, wäre das Thema nicht wieder vom Tisch. Dabei interessiert sich dafür kein Politiker, sie fliegen mit der Luftwaffe, fahren großvolumige Dienstwagen sogar bis ins Ausland und lassen sich das Auto auch noch „klauen“. Ich erlaube mir zur CO_2–Panikmache dem Leser etwas an wissenschaftlichen Fakten ins Gedächtnis zu rufen. Wenn Sie jemand fragt, wie viel CO_2 sich in unserer Luft befindet, zucken bestimmt 90% der Bundesbürger mit den Schultern. Es sind 0,035%.

Von diesen Gesamt- CO_2 stammen 97% aus der Ausgasung der Meere, Ausgasung der Landlebewesen und Bodenorganismen. Von „unseren“3 % entfällt ein Anteil von einem Fünftel auf Transport und Verkehr gesamt! Der Rest, der durchaus das Zünglein an der Waage sein kann, entzieht sich als Großindustrie und weiß der Teufel was völlig unserer Einflussnahme. Und ich unterstelle den Politikern, dass sie dies wissen. Wo aber wird unser verbrauchter Sauerstoff wieder regeneriert? Durch die Photosynthese unserer Pflanzen durch das Sonnenlicht. Aus CO_2, versteht sich. Machen Sie sich nun selbst einen Reim drauf!

Fakt ist:
Mit jedem Hektar Regenwald, der gerodet wird, mit jedem gefällten Straßenbaum und mit jedem Ausfall landschaftsgerechter Flächennutzung vernichten die Menschen Möglichkeiten für die Photosynthese. Aber tonnenweise bekommen wir Werbung in die Briefkästen. Das ist zum großen Teil Zellulose aus Holz, und wenn jetzt schon über das Verbot herkömmlicher Glühlampen diskutiert wird und über den Zwang zum Einbau teurer Filter bei CO_2-neutralen Holzheizungen, dann wäre doch als erstes mal ein Verbot von Werbe-Postwurfsendungen sinnvoll!

In einer richtigen Demokratie wird das Volk in einer Volksabstimmung befragt, wenn tiefgreifende Veränderungen durchgesetzt werden sollen. In der Vergangenheit wäre zum Beispiel ein solcher Anlasse die Einführung des Euro gewesen. Doch wo Widerstand absehbar ist, entscheidet das Volk gar nicht erst mit.

Wie berechtigt diese Fragestellung ist, haben ja alle Bürger erfahren, als sich der Staat aus allem heraushielt und bei der Einführung des Euro die Preise quasi 1:1 umgestellt wurden. Den großen Gewinn haben die Konzerne und Handelsketten gemacht. Wieso gab es keine Regelung der Preise, warum wurde nicht kontrolliert? Es wäre sicher eine Unterstellung, zu denken, der Staat verdiene ja an der Mehrwertsteuer mit und würde deshalb keinen Einfluss auf die Preise nehmen. Nein, dieser Gedanke ist bestimmt völlig absurd.

Mit der Demokratie ist sofort Schluss, wenn im Staat etwas gegen die Interessen der herrschenden Klasse oder der regierenden Parteien geht. Wenn beispielsweise Herr Pofalla von der CDU gegen eine drohende Zusammenarbeit der SDP mit den Linken wettert.
Die Linken sind eine in der Bundesrepublik zugelassene Partei. Sie haben in Hessen die undemokratische 5-%-Schikane übersprungen. Dahinter stehen –zig Tausende mündige Wähler und Steuerzahler. Wer gibt Herrn Pofalla das Recht, diese Menschen zu diffamieren und zu beleidigen? Natürlich vertreten die Linken keine Politik der Herrschenden in diesem Staat, die sich unter anderem für den Einsatz der Bundeswehr in Kriegen entscheiden. Die Beleidigungen verstoßen gegen das elementare Recht des Schutzes der Würde eben auch dieser Wähler und Genossen.
Dabei wirken ranghohe CDU-Mitglieder in so vielen Sümpfen dieser Gesellschaft mit. Ich erinnere nur an den Skandal um die Sachsen-Landesbank. Mäßigung ist aus meiner Sicht ebenso angesagt wie die Akzeptanz Andersdenkender.

Der Staat zieht sich aus den meisten Bereichen des öffentlichen Lebens zurück und übergibt sie zu Profitzwecken an private Unternehmer. Genannt seien nur Post, Energieversorgung und Bahn.

Die Abwanderung der Unternehmen in Länder mit niedrigem Lohnniveau wird vom Staat nicht nur nicht verhindert, sondern durch Ignoranz regelrecht begünstigt.
Und dann wundert sich eben dieser Staat noch über seine leeren Kassen.

Über den EU-Beitritt hatten die Bürger ebenfalls nicht zu entscheiden. Hätte eben schief gehen können, wenn das Volk „nein“ gesagt hätte.

Es wächst zusammen, was zusammengehört

Schön wäre es. Wenn zwei Jahrzehnte nach der Angliederung der Ex-DDR an die Bundesrepublik immer noch Unterschiede verteidigt werden zwischen Ost und West, dann ist eingangs erwähnter Spruch nur Schall und Rauch. Deutlich sieht man es an Löhnen und Gehältern, einschließlich der Zahlung von Arbeitslosengeldern.

Die Begründung in der angeblichen Wirtschaftskraft zu suchen, ist sehr fadenscheinig. Nachdem der größte Teil der Wirtschaft im Osten abgewickelt worden ist, wäre es ein Wunder, wenn gleiche Lebensbedingungen vorherrschen würden.
Ich erlaube mir ein Urteil über die Industriezweige, in die ich Einblick hatte. Unser Chemieanlagenbau, Schwermaschinenbau, Kraftwerksanlagenbau, Kranbau, Textilmaschinenbau waren international geschätzte Partner, allerdings vor allem innerdeutsch auch Konkurrenzunternehmen.
Die Prognosen sagen, dass es noch 50 Jahre dauert, bis der Unterschied Ost-West überwunden ist. Bleiben die von Helmut Kohl versprochenen blühenden Landschaften bis dahin Illusion…?

Derweil blüht Unkraut in den Industriebrachen. Wer es nicht glaubt, der fahre beispielsweise einmal mit offenen Augen durch die Orte des Erzgebirges.
Ich möchte nicht Bereiche zerreden, in denen sehr viel erreicht worden ist. Das wäre unfair.
Bei den Diäten der Abgeordneten im Bundestag wird man sich wohl eher mehrheitlich einig sein.

Einige wenige Abgeordnete mit Gewissen bilden da die Ausnahme, die wie immer die Regel bestätigt.

Es wird pausenlos vom großen Aufschwung gesprochen, nur bei den Menschen kommt nicht viel an. Wir haben inzwischen 2.6 Millionen Kinder, die in Armut leben! Hier, bei uns? Ja.

Ursache sind z.B. die Nebenkosten von Wohnraum. Mittlerweile sind die mancherorts bald höher als die Grundmiete. Das gab es noch nie. Wie sollen die Menschen konsumieren, wenn sie das Geld dafür statt in die Läden zu den Energieversorgern oder zur Tankstelle tragen?
Und so bricht auch ein Teil des Binnenmarktes weg, was wieder zu Arbeitsplatzverlusten und noch weniger Konsum führt.

Nun, der Staat erhält seine Mehrwertsteuer auch auf Strom, Benzin, Öl und Gas.

Er hat durchaus etwas von der Entwicklung der uns alle betreffenden Kraftstoffpreise. Geht der Rohölpreis hoch, steigen die Kraftstoffpreise, geht er runter, gibt es internationale Konflikte, und der Kraftstoffpreis steigt weiter und weiter. Aha. Er steigt also so oder so. Und die Steuern darauf mit.

Noch ein paar Gedanken zur Demokratie

Durch die Lügen und Probleme sind viele Bürger enttäuscht und gehen nicht zur Wahl. Bei einer Wahlbeteiligung von nur 50% liegt der Stimmenanteil, bezogen auf alle Wahlberechtigten, insgesamt bei spärlichen Prozent-Werten, sogar oft in einstelliger Größenordnung. Da gehört schon eine ganz schöne Abgebrühtheit dieser Parteien dazu, über das Wohl und Wehe des Volkes zu entscheiden.

Hier ist eine Veränderung des Wahlrechts dringend erforderlich. Eine Wahl, bei nicht einmal die Hälfte der Wahlberechtigten erscheinen, kann nicht als legitim angesehen werden.

Die Fünf-Prozent-Klausel im Wahlrecht ist ebenfalls im höchsten Maße demokratiewidrig.
Beispiel: Wahlergebnis einer Partei: 4,9% der Stimmen bei einer Wahlbeteiligung von 50%. Bei angenommen 60 Millionen Wahlberechtigten würde das 1,5 Millionen Wähler betreffen, denen die Vertretung ihrer Interessen im Bundestag versagt bliebe.

Es wird auch bei den nächsten Wahlen Zuspruch für Parteien in diesen Größenordnungen geben. Wenn 5% nicht erreicht werden, bleiben die Interessen der Wähler dieser Parteien außen vor.
In keinem Parlament werden ihre Forderungen zumindest vorgetragen, niemand wird sie vertreten.

Das hat doch mit Demokratie nichts zu tun. Da wird neuen politischen Gruppierungen von vorn herein der Hahn zugedreht.
Es bleibt dann in der Parteienlandschaft alles, wie es ist.
Ich glaube, gerade das ist der auch Grund für die Fünf-Prozent-Klausel.
Nach meiner Auffassung hat jeder Wähler ein elementares Recht darauf, dass seine Interessen in den Parlamenten vertreten werden, egal für welche zugelassene Partei oder Wählervereinigung er sich dabei entscheidet.
Und da befleißigt sich die Bundeskanzlerin, weltweit Demokratie-Defizite anzuprangern. Vor der eigenen Haustür zu kehren und Demokratie durchzusetzen wäre angebrachter.

Eine letzte Bitte die an Wähler

Wer nicht zur Wahl geht, darf sich hinterher nicht beschweren, wenn die Politik nicht seinen Vorstellungen entspricht. Die Wähler, denen es in der Gesellschaft relativ gut ergeht, die gehen zur Wahl, damit es so weitergeht wie bisher. Und das funktioniert auch schon sehr lange so. Wer aber will, dass eine andere Politik in seinem Interesse durchgesetzt wird, muss von seinem Wahlrecht Gebrauch machen. Er muss auch nachdenken, für welche Innen- und Außenpolitik die regierenden Parteien verantwortlich sind und unter welchen Parteien das Sozialsystem in Deutschland immer weiter den Bach hinunter geht.
Gerade in Zeiten der größten Finanz- und Wirtschaftskrise muss man sich doch die Frage stellen, wer hier eigentlich versagt hat?
Die Abgeordneten des Bundestages gehören zum größten Teil einer Lobby an und beschließen die Gesetze, damit ihre Geldgeber zufrieden sind. Dass diese Leute kein Interesse am Wohl der Bürger haben, ist zu sehen, wenn Sozialprobleme behandelt werden und die Ränge der Abgeordneten leer sind.
Die Krise ist nach den Gesetzen kapitalistischer/imperialistischer Wirtschaftsführung nichts anderes als die zyklische Krise, welche in der Vergangenheit mit Kriegen „überwunden“ wurde. Nur das geht heute nicht mehr so einfach zu lösen – zum Glück!

Ganz einfache Alltagsprobleme

Wer sich heute darüber beschwert, dass unter dem Vorwand der Erhöhung der Sicherheit auf den Straßen immer mehr stationäre Blitzer installiert werden, so dass rund um die Uhr Bürger kriminalisiert und zum Gesetzesverletzer gestempelt werden, muss sich die Frage stellen, ob er die dafür Verantwortlichen vielleicht selbst gewählt hat. Oder er hat deren

Einzug in die Ämter durch sein Nichtwählen begünstigt. Es ist bei der Frage der Abzockerei ein Wettbewerb entbrannt, welcher Geldmacher im Landkreis Meißen der beste sei. So wurden hier 4 Millionen € 2008 kassiert, Tendenz steigend.
Ich möchte nicht als Nestbeschmutzer bezeichnet werden, wenn Sie nachfolgendes lesen:
In der Zeitung „Autobild“ Nr.28 Seite 9 wird über die Bußgeldeinnahmen in der Bundesrepublik 2008 berichtet. Insgesamt waren es: 181 748 000€. Dabei betrug der Anteil aus Sachsen
6 241 000 €. Die bereits genannten 4 000 000 € aus dem neuen Landkreis Meißen sind 64% des Gesamtaufkommens in Sachsen…
Alle wichtigen Zufahrtsstraßen nach Meißen sind mehrfach vermint. Am schlimmsten ist es bei den Verbindungsstraßen zur BAB. Daran sollten alle Besucher denken, wenn sie zur Porzellanmanufaktur wollen. Letztendlich haben diese Auswüchse gewählte Abgeordnete veranlasst und abgesegnet. Wer nicht wählen war, will halt die bürgerfremde Verwaltung so.
2008 wurde Meißen vom Bundesrechnungshof gerügt für die Verschleuderung von 4,5 Millionen € zur Anmietung eines Ratssitzungs-Saales. Irgendwie muss das Geld ja auch wieder ausgegeben werden – am besten intern.

Geschwindigkeitskontrollen sind Aufgabe der Polizei und nicht des Landrates. Die Raser, die schwere Unfälle verursachen, schnappt man mit dieser Form der Überwachung eher weniger. Kontrollen an neuralgischen Punkten, vor Schulen zum Beispiel, sind sinnvoll.

Aber die kleinen schwarzen Kästen im Zusammenhang mit teilweise sinnlosen und mehrheitlich unübersichtlichen Beschilderungen als Bürgerfallen und Gelddruckmaschinen zugleich zu missbrauchen, geht ein ganzes Ende zu weit.

Es ist in der Demokratie eben so, dass der Wähler verantwortungsbewusst entscheiden sollte, um vor unliebsamen Überraschungen geschützt zu sein. Diese können auch in sehr eigenartigen Mitteln und Methoden für eigentlich sinnvolle Kontrollmechanismen bestehen.

Gewählte Politiker sind ihren Wählern gegenüber nicht zur Rechenschaft verpflichtet. Dies widerspricht zutiefst meiner Auffassung zur Demokratie! Mit den sich immer weiter vergrößernden Landkreisen entrücken die gewählten Kandidaten allerdings immer mehr der Basis…Absicht?

Der Verfall der Kultur

Berthold Brecht sagte: „Mit der Kultur stirbt die Nation."
Da muss ich einfach an einem Beispiel aus dem öffentlich-rechtlichen Fernsehen erläutern, wie weit das Niveau schon gesunken ist. Es gibt nämlich immer noch die Gottschalksche Sendung „Wetten dass?"
Tatsächlich wettet jemand, er könne die Ausscheidungen eines Zootieres mit verbundenen Augen durch Riechen zuordnen. Man stellt diesem Menschen auf einem wunderschön gedeckten Esstisch einen Teller zum Schnuppern hin. Das Publikum klatscht begeistert, wenn die richtige Antwort lautet, dass der Kot vom Eisbären stammt.
Dafür bezahlt Otto–Normalverbraucher GEZ-Gebühren!
Gibt es denn in diesem Staat niemanden, der uns vor solchem Schmutz im wahrsten Sinne des Wortes bewahrt?
Regt sich denn niemand darüber auf, dass hier mit unglaublichen Brimborium und Verbrauch an Geld eine Sendung über den Äther flimmert, in der es schlicht und ergreifend um Sch… geht?

Verfassung? Fehlanzeige!

Um bei der vorhergehenden Frage zu bleiben, ist es leider so, dass uns keine Verfassung schützt. Das Grundgesetz ist niemals dem Volk zur Bewilligung vorgelegt worden, um daraus eine Verfassung zu machen. Es wurde zur Regelung der Verwaltung und Politik in den westlichen Besatzungszonen erlassen. Dabei ist es geblieben.
Dieses Gesetz wird nun nach Belieben ständig den Politikansichten des Bundestages angepasst.
Ich glaube, diese Angelegenheit ist noch weit schwieriger.
Mit Deutschland haben die betroffenen Länder seit dem 2.Welkrieg bis heute keinen Friedensvertrag abgeschlossen. Die DDR ihrerseits hatte mit Polen und der Festlegung der Oder-Neiße-Grenze eine Art Schlussstrich gezogen. Ob dieser Alleingang in Abstimmung mit der UdSSR völkerrechtlich korrekt war, wage ich nicht einzuschätzen.

Mit dem Abschluss eines Friedensvertrages wäre Deutschland endlich eine selbständige Nation. Nun müsste dem Volk eine Verfassung vorgelegt werden. Wesentliche Punkte wären nach meinem Dafürhalten das Recht auf Arbeit und auf bezahlbaren Wohnraum.

Zur Zeit wird über die EU-Verfassung verhandelt, dabei haben wir nicht einmal eine eigene vom Volk bewilligte. Diese wird natürlich den Bürgern der Bundesrepublik auch wieder nicht zur Abstimmung vorgelegt. Und so wird die Demokratie weiter zu Grabe getragen.

Wir wissen doch nun zu gut, dass das größte Übel in der jetzigen Zeit die Arbeitslosigkeit darstellt. Den Reichen in den Konzernen stellt die Regierung Milliarden € zur Verfügung, damit die Bosse und Aktionäre ihre Gewinne sichern, derweil haben wir Millionen Kinder, die in Armut leben. Diese Fakten sollte der Wähler bei seiner Entscheidung berücksichtigen.

Lebensmittelzusätze

Der Gesetzgeber verpflichtet die Hersteller von Lebensmitteln, verwendete Zusatzstoffe auf dem Etikett anzugeben. Wer mit den Angaben nicht gleich etwas anfangen kann, sollte die reichlichen seriösen Angebote des Internets nutzen: Beispielsweise bietet die Uni Bonn eine Übersicht über alle E-Verbindungen an, die unseren Lebensmitteln zugesetzt werden. Bei vielen Light-Erzeugnissen, Getränken, Bonbons etc. steht der Vermerk, meist kleinstgedruckt: „Enthält eine Phenylanilinquelle".
Ich möchte nicht den Hass der Hersteller auf mich ziehen, aber wer sich über die Nebenwirkungen informiert, wird sein Kaufverhalten danach richten. Schauen Sie nach und bilden Sie sich selbst eine Meinung anhand der Fakten.

Brechende implantierte Hüftgelenke

In der ZDF- Sendung „Frontal 21" im Sommer 2007 wurde über brechend implantierte Gelenke berichtet. Da es sich hier eindeutig um das Problem einer nicht funktionierenden Qualitätssicherung hochlegierter Stähle handelte, habe ich sofort meine Hilfe angeboten, die Probleme zu lösen. Die Gesellschaft für Orthopädie und orthopädische Chirurgie verwies mich an die Hersteller, die kein Interesse an einer Zusammenarbeit zeigten. Meine Anfrage bei der Gesundheitsministerin verlief ergebnislos, das ist bezeichnend. Sehr kooperativ war Frau Randerath von der Chefredaktion des ZDF, die mir immer wieder Mut machte und mir wertvolle Hinweise gab. Ebenso Herr Focke von der KKH Meissen.

Ich wollte folgendes einführen: Eine Zulassungsstelle für die Hersteller von künstlichen Gelenken, der Materialfachleute und Ärzte angehören und die die Qualitätssicherungssysteme der Hersteller grundsätzlich zulässt und übertwacht. Die Gelenke sollten mit einer Prüfbescheinigung geliefert werden, welche der Patientenakte angehängt wird und alle Angaben über die Prüfungen, Materialatteste usw. enthält.

Da ich nicht weiter kam, war ich der Meinung, dass die Krankenkassen ein Interesse daran haben müssten, denn sie bezahlen Folgeoperationen bei Brüchen. Außer bei der KKH, Herrn Focke und der Technikerkrankenkasse stieß ich auf kein Verständnis. Die Operationen werden pauschal bezahlt und niemanden interessiert es, wo die Gelenke herkommen. Da ich mich 2 Jahre zum Nulltarif um eine Lösung bemüht habe, schlug ich der Krankenkasse und dem ZDF vor, die Angelegenheit offiziell zu machen und eine angemessene Aufwandentschädigung festzulegen. Daraus wurde nichts. Es ist vorgesehen, erst einmal ein Register der Operationen einführen. Und so etwas dauert, weil niemand echt daran interessiert ist. Das ist reale Marktwirtschaft für die Krankenhäuser.
Ich habe erst nach 2 Jahren ernsthaften Bemühens bemerkt, wo es langgeht.

Resümee und Ausblick nach vorn

In keinem der gesellschaftlichen Systeme, die ich bewusst erlebt habe, ging bzw. geht es ehrlich zu.

Nicht nur die jeweils herrschende Klasse nutzt konsequent ihre Vorteilslage aus, auch im Volk gibt es Menschen, die sich beim Wechsel gesellschaftlicher Systeme blitzschnell auf die andere Seite retten und dabei auch jeglichen Skrupel vermissen lassen. Durch ein offenes Bekenntnis zu den neuen Machthabern schüchtern sie andere ein. Dabei spielt es keine Rolle, wie engagiert sie der vorherigen Gesellschaftsordnung gedient haben.
Ich erinnere an den Ausspruch von Wilhelm Busch.

Das war so zum Ende des zweiten Weltkrieges und ebenso zur Wende in der ehemaligen DDR. Nur mit dem Unterschied, dass 1945 und später durch stalinschen Sicherheitswahn Menschenleben so gut wie keine Rolle spielten.

Diese Ereignisse dürfen nicht aus dem Gedächtnis der Menschen verbannt werden.

Vom Speziallager Nr. 1 des NKWD/MDW in Mühlberg wusste von uns Bürgern in der DDR so gut wie niemand etwas. Auch war es gefährlich, laut darüber nachzudenken. Das hat man den ehemaligen Inhaftierten bei ihrer Entlassung klar gemacht, so sie dieses Lager überhaupt überlebten.

Dass es zur Wende 1989/90 zu keinen größeren Vorkommnissen gekommen ist, wundert mich immer noch sehr. Die Haltung der Mitarbeiter des Ministeriums für Staatssicherheit erschien mir unerwartet tolerant. Doch in Geheimdienstkreisen passieren sonderbare Dinge, warum auch nicht einmal im Interesse des Friedens in unserem Land? Die Flucht Erich Honeckers nach Chile - natürlich völlig überraschend - war sie abgesprochen? Gewollt, um ein politisches Desaster zu verhindern? Geplant, da er, einmal in Chile angekommen, nicht mehr vor Gericht aussagen musste, was anderen auf die Füße gefallen wäre, die jetzt noch die Macht in den Händen halten?
Ich möchte in diesem Zusammenhang daran erinnern, dass am Erich Honecker am 7.Sept. 1987 in Bonn vom damaligen Bundeskanzler Kohl als geachteter Staatsmann mit militärischen Ehren empfangen wurde und der rote Teppich ausgerollt war.
Das war zwei (!) Jahre vor der Wende. Honeckers Nachfolger musste in den Knast einrücken. Das hat mit staatsmännischer Weisheit nichts zu tun. Egon Krenz war vielleicht das Bauernopfer? Irgendjemand musste doch büßen für die Öffentlichkeit.
Fragen über Fragen.

Wenn auch die Angliederung der ehemaligen DDR an die Bundesrepublik mit Ungerechtigkeiten verbunden war, so ist der friedliche Verlauf durch die Umsicht der Verantwortlichen auf beiden Seiten gewährleistet worden. Der Schutzwall in Richtung Westen wurde auf Betreiben Moskaus errichtet. Doch Moskau griff nicht ein, als er fiel.

Wenn man allerdings betrachtet, dass frühere staatsnahe Mitarbeiter, auch aus der Sicherheitsbranche, heute wieder gut positioniert sind oder durch hohe Abfindungen als Pensionäre sorgenfrei leben, dann gibt das doch zu denken.
Ich glaube, dass hier bereits vor der Wende entsprechende Weichen gestellt worden sind. Bestimmte Leute wussten: Die Tage der DDR sind gezählt und die Schäfchen sind im Trockenen.
Dies wird wohl auch ein Grund sein, warum Herr Schalk- Golodkowski am Tegernsee seinen Lebensabend beschützt genießt und Helmut Kohls Stasi-Akten nicht zugänglich sind. Wie gesagt, das ist nur mein persönlicher Standpunkt.

Nach den Widrigkeiten in meinem frühen Leben, wo ich Schikanen und Verschleppungen hautnah miterlebt habe, wo wir um das Überleben gekämpft haben, ist in mir die Überzeugung aufgekommen, dass man in der Familie zusammenhalten muss.
Die Familie war immer wieder der Ort der Geborgenheit.
Nach der Inhaftierung unseres Vaters und Großvaters wurde jeden Abend gemeinsam gebetet: „…und lass unseren Papa und Vater recht bald und gesund wiederkommen!" Der Glaube hat uns vereint.

Wie viel leichter wäre unser Leben verlaufen, wenn wir eine vollständige Familie gewesen wären. Als Junge braucht man den Rat und die Hilfe des Vaters.

Wie sehr habe ich mir sein Heimkommen gewünscht. So habe ich schon frühzeitig als einziges männliches Familienmitglied Pflichten übernehmen müssen. Es ist noch heute so, dass die Familie auf mich zurückkommt, wenn Rat und Tat gebraucht werden. Das gilt auch für Freunde.

Mein Verhalten in beiden gesellschaftlichen Systemen war geprägt von einem verantwortungsvollen Umgang mit meinen Mitarbeitern, Kollegen und Wegbegleitern.

Trotz schwerer Jugendjahre habe ich danach versucht, meinen Weg zu finden, durch viel Fleiß und auch Beharrlichkeit. Dass ich als Vorgesetzter hohe Ansprüche an meine Mitarbeiter gestellt habe, ist richtig. Schikanen habe ich grundsätzlich abgelehnt.

Mein Lebensmotto: „Dass ich erkenne, was die Welt im Innersten zusammen hält" hat dazu geführt, dass ich ständig am Forschen und Lernen geblieben bin. Ich möchte den Dingen auf den Grund gehen.

Dies ist auch meine Botschaft: Nur wer sein Wissen ständig erweitert, bekommt einen Überblick über wissenschaftliche und politische Dinge.

Nicht Ruhe ist die erste Bürgerpflicht, sondern das Lernen

Wer nicht viel weiß und Zusammenhänge nicht erkennt, der wird gnadenlos manipuliert. Er akzeptiert selbst unpopuläre Entscheidungen der Politiker und schränkt sich ohne Murren ein.

Dabei gibt es in unserer heutigen Gesellschaft alle Möglichkeiten, sich zu bilden und vor allem zu informieren. Man muss es nur wollen! Bücher und Internet bieten mehr als genug Möglichkeiten zur Information.

Es kommt den Eltern eine große Verantwortung zu, sich darum zu kümmern, mit welchen Dingen sich ihre Sprösslinge beschäftigen.
Die mir in der DDR anerzogene Achtung anderer Völker entspricht auch heute noch meiner Auffassung.
Es ist eine Art Größenwahn, wenn Präsidenten Völker zu Schurkenstaaten erklärt. Noch schlimmer ist ja die Tatsache, dass unsere Medien dies auch noch nachplappern und sich damit identifizieren.

In diesem Zusammenhang fand ich in meinem Zitatenlexikon einen Ausspruch von Kurt Tucholsky:

> Der friedliebende Mensch, der seine besten Kräfte nicht auf den Schlachtfeldern verwertet, baut sich seine Welt, in der er etwas gilt und er ist leicht geneigt, diese seine Welt sittlich höher zu stellen als die der anderen.

Ein weiteres Zitat von Ernest Hemingway fand ich im PM-Magazin im August 2006:

> Inflation ist das erste Wundermittel des schlecht geführten Staates.
> Das zweite Wundermittel ist der Krieg.
> Beide führen zu zeitweiligem Wohlstand,
> und beide führen zum völligen Zusammenbruch.

Die Zunahme von Gewalt durch und unter Jugendlichen hat ihre tiefen Wurzeln auch in der Arbeitslosigkeit. Wer früh zeitig aufstehen und in die Lehre oder auf Arbeit gehen muss, der hat andere Dinge im Kopf als Schlägereien. Auch die Arbeitslosigkeit im Elternhaus hat Auswirkungen auf die Töchter und Söhne. Das Gefühl, nichts an einer Situation ändern zu können, lähmt den Geist, verursacht das Gefühl, keine Aufgabe zu haben. Flucht in den Alkohol kann eine Auswirkung sein. Die Angst vor der gesellschaftlichen Ausgrenzung und die Sorge der finanziellen Absicherung nehmen Lebensfreude.

Eine weitere Erkenntnis habe ich gewonnen. Wenn beispielsweise die Lehren von Marx und Engels in den Schmutz getreten werden, stellt sich die Frage, warum dies geschieht? Wer sich auskennt und nicht alles aus

seinem Gedächtnis gestrichen hat, kommt zur Schlussfolgerung, dass viele Dinge exakt so verlaufen, wie es Karl Marx geschrieben hat. An der Rolle des Kapitals hat sich nichts geändert, im Gegenteil!
Leider entstand in der früheren Sowjetunion ein gesellschaftliches System entstanden, welches eher wenig von der marxistischen Lehre verinnerlicht hatte.
Vielleicht aber ist der Mensch auch nicht selbstlos genug, nicht zuerst an seinen Vorteil zu denken.
Betrachtet man das Individuum Mensch, so muss man feststellen, dass außer in kommunenähnlichen Lebensweisen der Einzelne erst an sich oder seine Familie denkt, dann an andere Personen. Dies ist nur ein scheinbarer Widerspruch, doch ist es sehr kompliziert, ihn aufzulösen.

Vielleicht ist diese (Über-)Lebensstrategie in uns Menschen noch so fest verwurzelt, dass eine Gesellschaftsordnung nach dem Marx- Engelschen Prinzip vorerst nicht umgesetzt werden kann. Dazu müssen wahrscheinlich noch viele traurige Erfahrungen gemacht werden…Ich werde es nicht mehr erleben.

Wenn ich die vergangenen Jahre seit der Wende einmal Revue passieren lasse, gibt es neben Sonnenseiten auch sehr viel Schatten. In den Medien werden täglich neue Hiobsbotschaften verbreitet. Das macht die Menschen auf Dauer krank. Das Schlimmste ist die Existenzangst. Diese Ängste kannten wir in der DDR nicht. Das muss man bei allen Dingen, die nicht in Ordnung waren, anerkennen.

In Meißen an der Elbe am Gasthof „Zum Schiffchen" unterhalb der Eisenbahnbrücke hatten rührige Bürger nach der Wende oberhalb der Fenster über die ganze Straßenfront Ludwig Ehrhardts Thesen zur sozialen Marktwirtschaft an die Wand geschrieben.

Die Jahrhundertflut hat sie hinweggeschwemmt, den Inhalt gleich mit.

Der Kerngedanke war, wenn es dem Unternehmen gut geht, sollte auch der Mitarbeiter einen Anteil davon erhalten.
Urteilen Sie selbst, ob es noch so ist!
Meine Bitte: Nutzen Sie die gebotenen Möglichkeiten, sich Wissen anzueignen, um die Dinge im Leben besser verstehen und einordnen zu können!
Lassen Sie sich in ihrem Handeln immer von humanitärer Verantwortung leiten und auch von der Verantwortung für den Fortbestand unseres Vaterlandes.

Beim Lernen bin ich auch schon wieder, seit ich am 1.1.09 mit 70 Jahren Mitglied des Vereins der Sternenfreunde in Riesa wurde. Unwahrscheinlich, welche wissenschaftliche Atmosphäre hier herrscht. Es ist faszinierend, in dieses Wissensgebiet einzudringen mit Hilfe vieler junger Menschen. Mir macht die Mitarbeit in Schwagis Truppe Riesenspaß, außerdem bin ich für die Ausstellung über die Luftfahrt zuständig, seit Jahrzehnten mein Steckenpferd.

Wer sich jedenfalls in politischen Dingen nicht selbst über Hintergründe informiert, wird enttäuscht sein, wenn er bemerkt, dass er belogen wurde. Resignieren und nicht zu Wahlen gehen ist der falsche Weg.

Sein Sie nicht das Kaninchen, welches beim Anblick der Schlange gelähmt ist!

herzlichst

Ihr Werner Laaser

Anhang: Original-Dokumente

X.

Bezirk: R i e s a Komm.Nr. IV Leiter: Herr K a s p e r 72

Name d. Verm.-Trägers: Hans L a a s e r , Riesa, Pausitzer Str. 1

1 Frau 3 Kinder.

I. Wohnung:

Wäsche:

7 Betttücher,
6 Bettbezüge,
12 Kopfkissen
18 Handtücher,
4 Wischtücher,
3 Tischtücher,
6 Damennachthemden,
3 Herrennachthemden,
1 Herrenschlafanzug,
6 Damenhemden,

Kleidung:

6 Damenkleider,
2 Herrenanzüge,
1 Herrenwintermantel,
1 Damenwintermantel,
1 Paar Herrenschuhe,
1 Paar Damenschuhe.

Möbel:

1 Kleiderschrank,
1 Büffet,
1 Sofa,
1 Tisch,
3 Stühle,
1 Küche komplett,
1 Nähmaschine,
2 Kinderbetten,
2 grosse Betten
Küchengeschirr.

Alle übrigen Punkte entfallen.

Name d. Verm.-Trägers

Leiter: Kasper Willibald

Schrift-
führerin

Freund, Vorsitz.

LANDESREGIERUNG SACHSEN

An Herrn Hans L a s e r

Riesa,

Die Enteignung Ihrer auf Grund des Befehls Nr. 124 des Obersten Chefs der Sowjetischen Militär-Administration in Deutschland vom 30. Oktober 1945 beschlagnahmten Vermögenswerte ist durch die Deutsche Wirtschaftskommission gemäß Befehl Nr. 64 des Obersten Chefs der Sowjetischen Militär-Administration in Deutschland vom 17. April 1948 bestätigt und damit rechtskräftig geworden.

Dresden, am 30. November 1948

Landesregierung Sachsen

i. V. [Unterschrift]
Minister des Innern

Lfd. Nr. 139 Kreis Großenhain

D 05 1148 11,6 Landesdruckerei Sachsen, Dresden A

R 3230

Sozialversicherungskasse Riesa
Hauptstelle Riesa, Hohe Straße 22/24, Fernruf 328/29

Dienststellen in: Großenhain, Radeburg, Gröditz, Nünchritz

Postscheckkonto: Dresden Nummer 10652

Bankverbindungen: Sächsische Landeskreditbank Zweiganstalt Riesa Nr. 1011, Zweiganst. Großenhain Nr. 1953, Zweiganstalt Radeburg Nr. 21, Stadtsparkasse Riesa Nr. 7573, Bank f. Handwerk u. Gewerbe e. G. m. b. H. Riesa, Stadtbank Großenhain Nr. 16, Gemeindespark. Gröditz Nr. 16

Bescheinigung

Abteilung: Rente/1 Tr.　Ihre Nachricht vom: –　Tag: 18.10.48

Es wird hierdurch bescheinigt, daß Frau Laaser, Riesa, Pausitzer Straße 1, erst Rente erhalten kann, wenn sie eine amtliche Sterbeurkunde vorlegen kann.

Sozialversicherungskasse Riesa
Rentenabteilung

Der Rat der Stadt Riesa

Frau
L a a s e r
R i e s a
Pausitzer Str. 1

Konten der Stadtkasse: Stadtsparkasse Riesa 7001, Sächsische Landesbank Zweiganstalt Riesa, Konto 1001, Postscheckkonto Leipzig 353 53

Konten der Stadtsteuerkasse: Stadtsparkasse Riesa 7003, Sächsische Landesbank Zweiganstalt Riesa, Konto 1003, Postscheckkonto Leipzig 353 54

Fernsprecher: Riesa Nr. 341

Ihr Zeichen　Ihre Nachricht vom　Hausruf　Mein Zeichen: Wohnungsamt E./M.　Tag: 14.6.46

Betrifft:

Auf Ihr Gesuch vom 11.6.46 teilen wir Ihnen mit, dass Aussicht auf Wohnungstausch für längere Zeit nicht besteht.
Sie müssen sich vorläufig mit den gegebenen Verhältnissen abfinden.

I.A.:

Hugo Munkelt, Riesa 2 — 4169 — 5. 46. 12 000

MITTELDEUTSCHE STAHLWERKE
GESELLSCHAFT MIT BESCHRÄNKTER HAFTUNG

RIESA, den 30.September 1945

Z e u g n i s

Herr Hans L a a s e r , geboren am 23.Dezember 1908 zu Riesa, trat am 8.November 1926 als Schlosser und Elektroschweisser in unsere Dienste und zwar in die Abteilung Rohrschlangen- und Überhitzerbau.

Seine guten Fachkenntnisse auf den genannten beiden Spezialgebieten konnte er hier noch wesentlich erweitern. Wegen seiner Umsicht und guten Führung wurde Herr Laaser am 1.Mai 1938 zum Vorarbeiter und am 1.September 1943 zum Meister einer etwa 75 Mann starken Belegschaft innerhalb der Abteilung Rohrschlangen- und Überhitzerbau ernannt. Hier oblag ihm auch die Ausbildung von Lehrlingen und er hat sich immer sehr bemüht, diesen die erforderlichen fachmännischen Kenntnisse zu übermitteln.

Herr Laaser hat seine Obliegenheiten stets zu unserer vollsten Zufriedenheit erledigt und erwarb sich das Vertrauen seiner Vorgesetzten und Mitarbeiter. Seine Führung war einwandfrei.

Herr Laaser tritt wegen der Demontage unseres Werkes auf eigenen Wunsch aus unseren Diensten und weil ihm Gelegenheit geboten ist, die Führung der Schlosserei seines verstorbenen Lehrmeisters zu übernehmen.

Für die Zukunft wünschen wir Herrn Laaser alles Gute.

MITTELDEUTSCHE STAHLWERKE
GESELLSCHAFT MIT BESCHRÄNKTER HAFTUNG

M 0304

DRAHTWORT: EISENWERK · FERNRUF: S.-NR. 841 · FERNSCHREIBER: 05677 · REICHSBANKGIROKONTO RIESA 741/898 · POSTSCHECKKONTO DRESDEN 14214 · RB-NR. 0/0393/0001

Meine Schule, meine Stadt Johanngeorgenstadt

Demonstration am 11. Mai 2005
vor dem Kultusministerium in Dresden

gegen die beabsichtigte Schulschließung

Treffpunkt: 11.30 Uhr, Parkplatz vorm Rathaus
Abfahrt: 12.00 Uhr mit Bussen

Für sperrige Gegenstände stehen Transportfahrzeuge zur Verfügung. Wir rufen alle Bürger von Johanngeorgenstadt auf, am Protestmarsch in Dresden teilzunehmen. Bringen Sie Ihre Stadtfahnen, Plakate etc. mit. Wir wollen auffallen und etwas bewirken.

Melden Sie Ihre Teilnahme bis __Montag, 09.05.2005, 12.00 Uhr__
- *im Fremdenverkehrsamt, Tel. 888222*
- *beim Gewerbeverein, Tel. 882008*
- *beim Altstadtförderverein, Tel. 882944*
- *in der Mittelschule, Tel. 50274*
- *in der Gaststätte „Hutzenstub", Tel. 882588*

Dienstag, 10. Mai 2005, 17.00 Uhr nochmals Demo vor der Mittelschule!!!

Bergstädter protestieren in Dresden

Gut 500 Schüler, Lehrer, Eltern und Bürger aus Johanngeorgenstadt haben gestern vor dem Kultusministerium in Dresden gegen die geplante Schließung der Mittelschule protestiert. Nach einem 90minütigem Protestmarsch durch die Landeshauptstadt trat jedoch erwartungsgemäß nur der Bürgerreferent Walter Siegemund vor die Tür. Ihm übergab man die über 3000 Unterschriften, die den Erhalt der Schule untermauern sollen. In einem kurzen Gespräch mit zirka zehn Vertretern der Stadt verwies Siegemund die Verantwortlichen allerdings zurück an den Landkreis. Fakt sei: Zwei Mittelschulen – Johanngeorgenstadt und Breitenbrunn – könnten künftig so dicht nebeneinander nicht dreizügig betrieben werden. Treffend hielten die Kinder, wie dieses Mädchen, den Verantwortlichen ihre Sorgen mit Plakaten vor Augen. –Foto: Norbert Millauer

Protest geht in Dresden weiter

Bergstädter demonstrieren für den Fortbestand ihrer Mittelschule

Johanngeorgenstadt. Um nicht nur im eigenen Ort, sondern auch direkt vor Kultusminister Steffen Flath (CDU) für den Erhalt der Mittelschule Johanngeorgenstadt zu kämpfen, fahren heute sechs Busse und mehrere Privat-Pkw mit rund 400 Demonstranten aus der Bergstadt nach Dresden. Ab 15 Uhr werden sie in einem Protestmarsch vom Terrassenufer über die Augustusbrücke bis vors Ministerium ziehen und dort eine Petition übergeben.

Zum dritten Mal seit Bekanntwerden der vom Ministerium beabsichtigten Schließung dieser Schule gab es gestern Nachmittag vor der Bildungseinrichtung eine Protestaktion. Etwa 700 Demonstranten bekundeten ihren Willen, alles für den Fortbestand der Pestalozzi-Mittelschule zu tun. Das Schul-Aus hätte laut Bürgervertretern katastrophale Folgen für die Entwicklung der ohnehin strukturschwachen Stadt am Erzgebirgskamm. (Usch)

Freie Presse vom 11. Mai

Demo mit ‚Randfichte' Rostig in Dresden

JOHANNGEORGENSTADT/ DRESDEN - In erster Reihe hat „Randfichte" Michael Rostig (rote Mütze) gestern mit 350 Gleichgesinnten in Dresden gegen die Schließung der letzten Mittelschule in Johanngeorgenstadt protestiert (Foto). Mit fünf Bussen waren die Demonstranten in die Landeshauptstadt gefahren, zogen von der Semperoper zum Kultusministerium. Rostig: „Dort wurden wir von einem Referenten des Ministers empfangen. Dem haben wir versucht klarzumachen, dass ohne Mittelschule noch weniger Kinder in Johanngeorgenstadt sein werden und unsere Stadt dann stirbt." Der Minister-Mitarbeiter versprach, die Informationen an seinen Chef weiterzuleiten.

Ende des Monats wird das Kultusministerium endgültig entscheiden, welche Schulen geschlossen werden. „Bis dahin machen wir weiter Druck", erklärt Rostig. „Zum Beispiel über unseren Landrat."

Mitwirkungsentzung vom 27.05.2005

SÄCHSISCHES
STAATSMINISTERIUM
FÜR KULTUS

Stadt Johanngeorgenstadt
Herrn Bürgermeister Hascheck
Eibenstocker Straße 67
08349 Johanngeorgenstadt

Johann-Heinrich-Pestalozzi-Mittelschule Johanngeorgenstadt

Sehr geehrter Herr Bürgermeister,
das Sächsische Staatsministerium für Kultus erlässt folgenden

Bescheid:

1. Es wird festgestellt, dass das öffentliche Bedürfnis für die Einrichtung der Klassenstufe 5 der Johann-Heinrich-Pestalozzi-Mittelschule Johanngeorgenstadt ab dem Schuljahr 2005/2006 nicht besteht.
2. Es wird festgestellt, dass das öffentliche Bedürfnis für die Fortführung der Klassenstufe 7 der Johann-Heinrich-Pestalozzi-Mittelschule Johanngeorgenstadt im Schuljahr 2005/2006 nicht besteht.
3. Es wird festgestellt, dass das öffentliche Bedürfnis für die Fortführung der Johann-Heinrich-Pestalozzi-Mittelschule Johanngeorgenstadt über das Schuljahr 2005/2006 hinaus nicht besteht.
4. Die Mitwirkung des Freistaates Sachsen an der Unterhaltung der Klassenstufe 5 der Johann-Heinrich-Pestalozzi-Mittelschule Johanngeorgenstadt ab dem Schuljahr 2005/2006 wird widerrufen.
5. Die Mitwirkung des Freistaates Sachsen an der Unterhaltung der Klassenstufe 7 der Johann-Heinrich-Pestalozzi-Mittelschule Johanngeorgenstadt im Schuljahr 2005/2006 wird widerrufen.
6. Die Mitwirkung des Freistaates Sachsen an der Unterhaltung der Johann-Heinrich-Pestalozzi-Mittelschule Johanngeorgenstadt über das Schuljahr 2005/2006 hinaus wird widerrufen...

Der Kampf um den Erhalt unserer Mittelschule im Spiegel der Presse

Montag, 25. April 2005

Bergstädter bereiten Demonstration vor

Bürgermeister Holger Hascheck: Ansinnen zur Schließung der Pestalozzi-Schule erscheint wie Hohn und Spott

VON UTE SCHWICHTENBERG

Johanngeorgenstadt. Die Bergstädter bereiten für morgen, 17 Uhr eine Demonstration für den Erhalt ihrer Pestalozzi-Mittelschule vor. Sie soll direkt vor dem Schulgebäude stattfinden. „Ich mache mir große Sorgen um das Wohl und die Zukunft unserer Stadt", sagte Bürgermeister Holger Hascheck (SPD), nachdem sich am Freitag bestätigte, was die Johanngeorgenstädter bereits zwei Tage zuvor aus der „Freien Presse" erfahren hatten: Das Kultusministerium plant zum Ende dieses Schuljahres die Schließung der örtlichen Mittelschule.

Ein eiligst einberufener Krisenstab, bestehend aus Stadträten, Lehrern, Eltern und Mitarbeitern der Verwaltung, trat am Samstag zusammen, um darüber zu diskutieren, wie der Schulstandort doch noch gerettet werden könnte. „Vor dem Hintergrund zahlreicher Unterstützungs- und Hilfsbekundungen von Politikern und leitenden Angestellten des Landes, des Bundes und seiner Behörden erscheint das Ansinnen der Schließung nun wie Hohn und Spott", sagte Hascheck.

„Die Werthaltigkeit der ständigen Zusicherungen, man könne Johanngeorgenstadt auf Grund seiner negativen Wismutbergbau-Vergangenheit, des Abrisses der Altstadt und seiner geographischen Randlage nicht abkoppeln und im Stich lassen, ja man müsse sogar Ausnahmeregelungen treffen, würde beim wichtigsten Thema – der Schüler, Kinder und Jugendlichen, das heißt, der Zukunft unserer Stadt – in ein ganz neues Licht gerückt", so der Bürgermeister in einem offenen Brief, der an alle Einwohner der Stadt gerichtet ist.

Darin begründet er: „Die Schließung der Schule würde den zwangsläufig durch Abriss und fehlende Arbeitsplätze in der gesamten Region vorhandenen Bevölkerungsverlust weiter anheizen. Gerade dieser Tage werde ein bereits seit 1997 laufendes Forschungsprogramm zu den Auswirkungen des Bevölkerungsverlustes in Johanngeorgenstadt und der Region abgeschlossen. Dieses Programm wurde durch den Bund und den Freistaat Sachsen gefördert und unterstützt und sollte auch Wege aus dem so genannten ‚Schrumpfungsprozess' aufzeigen."

Folgen der Schließung der Mittelschule wären nicht nur längere Wege für Schüler und Lehrer, sondern würde zudem bedeuten, dass künftig den Vereinen und den Unternehmen der Stadt weniger Nachwuchs zur Verfügung stehen würde. Zudem sei zu vermuten, dass das Fehlen einer „Grundversorgung an Bildung" Investoren abschreckt und einen Bevölkerungszuwachs nachhaltig verhindert. Das könne wohl kaum Ziel der Politik des sächsischen Kultusministeriums sein, so Hascheck.

Man müsse hinterfragen, ob die Investitionen in den zurückliegenden Jahren, gleich ob in Unternehmen, Wohnhäuser oder in die technische Infrastruktur (Wasser- und Abwasseranlagen), umsonst gewesen sein sollen.

PDS-Stadträtin Elke Schleichert betrachtet in dem Zusammenhang nicht nur den Einsatz kommunaler Haushaltsmittel, sondern auch staatlicher Fördergelder als Verschwendung.

Freie Presse
SCHWARZENBERG

Freie Presse vom 27. / 28. April

Proteste gegen Schulschließung

„Was die Wismut 1954 nicht geschafft hat, will das Kultusministerium 2005 erreichen", „Ohne Schule stirbt die Stadt", „Ich will hier lernen!" – Zahlreiche Transparente und Plakate, kämpferische Reden und Lieder, Applaus und Trillerpfeifenkonzerte bestimmten gestern Nachmittag das Bild vor der Pestalozzi-Mittelschule in Johanngeorgenstadt. Mehr als 700 Demonstranten bekundeten entschiedenen Widerspruch gegen die Pläne der Staatsregierung, die Bildungseinrichtung Ende des Schuljahres zu schließen. Für nächsten Dienstag wurde erneut zur Demo aufgerufen. Die Bergstädter hoffen dann auf öffentliche Stellungnahmen von Kreis- und Landespolitikern. –FOTO: WOLFGANG FREUND

–Seite Regionales

Proteste gegen Schulschließungen

In ganz Sachsen gibt es Proteste gegen die Schulschließungen – so gestern in Johanngeorgenstadt. Mehr als 700 Schüler und Einwohner hatten sich vor der Mittelschule zusammengefunden, um gegen die vom Kultusministerium beabsichtigte, kurzfristige Schließung der Einrichtung zu demonstrieren. Schüler seilten sich aus der obersten Etage des Hauses ab und entrollten ein Transparent, auf dem zu lesen stand: „Für den Erhalt unserer Schule steigen wir den Verantwortlichen auch auf das Dach!" Widerspruch und Kampfgeist bestimmten die Ansprachen von Schüler- und Elternvertretern, Bürgermeister, Kommunalpolitikern und Vertretern der Wirtschaft. Spontan wurde eine Unterschriftensammlung zum Erhalt der Schule gestartet. Der Stadtrat hatte am Abend zuvor bereits ein Zwölf-Punkte-Papier beschlossen, mit dem gegenüber der Staatsregierung das öffentliche Bedürfnis zur Aufrechterhaltung der Mittelschule nachgewiesen werden soll. –FOTO: WOLFGANG FREUND

Auszug aus dem Gerichtsurteil

VERWALTUNGSGERICHT CHEMNITZ

Eingegangen
3 l. MÄRZ 2006
Krauß • Mäckler • Schöffel

Im Namen des Volkes

Urteil

in der VerwaJtungsstreitsache

der Stadt Johanngeorgenstadt,
vertreten durch den Bürgermeister,
Eibenstocker Straße 67
08349 Johanngeorgensladt

-Klägerin

bevollmächtigt: Rechtsanwälte Jörg Krauß und Koll.,
Bahnhoftstraße 14,
08056 Zwickau

gegen
den Freistaat Sachsen,
vertreten durch das Sächsische Staatsministerium für Kultus,
Carolaplatz l,
01097 Dresden

-Beklagter

wegen
Mitwirkung an der Unterhaltung einer Mittelschule

hat die 2. Kammer des Verwaltungsgerichts Chemnitz aufgrund der mündlichen Verhandlung vom 15. März 2006 durch die Vorsitzende Richterin am Verwaltungsgericht Keim, die Richter am Verwaltungsgericht Jenkis und Thutt sowie die ehrenamtlichen Richter Herr Weidner und Herr Albert

für Recht erkannt: **Die Klage wird abgewiesen.**

Die Klägerin trägt die Kosten des Verfahrens.

Tatbestand: Die Klägerin ist Schulträgerin der Mittelschule Johann-Heinrich-Pestalozzi....

Mittelschule vor Gericht chancenlos

Stadt verliert Rechtsstreit gegen den Freistaat Sachsen – Breitenbrunn und Eibenstock „fast aus dem Schneider"

Am 27. Mai 2005 ging beim Schulträger unserer Mittelschule, der Stadtverwaltung Johanngeorgenstadt, der Mitwirkungsentzug, der ausschnittsweise im Heft zu finden ist, ein. Er besagt kurz und knapp, dass die Mittelschule zum Ende des Schuljahres schließen sollte. Auf diesen Mitwirkungsentzug reagierten die Schüler und Lehrer entsetzt, zumal man von Seiten des Kultusministeriums eine Ausnahmeregelung bis 2007 bekommen hatte. Am folgenden Montag riefen besorgte Eltern , Vertreter von örtlichen Vereinen und die Stadtverwaltung zu einer Demonstration vor dem Schulhaus auf. Es erschienen zahlreiche Bürger der Stadt und waren genau so entsetzt über die geplante Schulschließung wie die Betroffenen selbst. An allen darauf folgenden Montagen wurden immer wieder Kundgebungen vor dem Schulhaus organisiert. Vereine aus der Stadt stellten Transparente zur Verfügung. Auch Schüler beteiligt sich, sodass schließlich ein Meer von Protestschildern zu sehen war. Das lockte die „Freie Presse", die „Bild-Zeitung"und sogar den „Sachsenspiegel" sowie die „Super- Illu" an. Dank dieser Werbung in Presse und Rundfunk haben wir großes Verständnis bei Mitbürgern über die Landkreisgrenzen hinaus gefunden. Trotz der fehlenden Unterstützung des Landratsamtes oder sonstigen außerstädtischen Institutionen gaben wir nicht auf. Es folgten Demonstrationen unter dem Motto: „Schule zu - Grenze zu !!!" , Demonstrationen in Schwarzenberg, sowie die Sperrung der „Blauen-Engel-Kreuzung" in Aue. Ein Höhepunkt war die Kundgebung in Dresden, wo rund 300 Bürgerinnen und Bürger aus unserer Stadt mit Protestplakaten, und viel „Tam Tam" vor dem Kultusministerium demonstrierten. Mit dabei waren auch Herr Rostig (von De Randfichten)und Herr Fenzl, der uns schon von Anfang an tat kräftig unterstützte. Unser Bürgermeister Herr Haschek, Vertreter von Vereinen sowie Firmen der Stadt wollten unsere Angelegenheit noch einmal sachlich zu Gehör bringen.

Leider mussten wir erkennen, dass es dafür von Seiten des Kultusministeriums wenig Verständnis gab. Wir waren erschrocken über den Auftritt des Pressesprechers des SMK.

Ganz umsonst war unsere Aktion nicht, da wir durch unseren Auftritt erreichten, dass unsere Schule ein weiteres Jahr Bestand hatte.

Ein letzter Versuch war eine Klage vor dem Oberverwaltungsgericht Chemnitz. Laut dieses Urteils vom 15. März 2006 wird die Mittelschule mit Ende des Schuljahres 2005/2006 geschlossen und ist damit nicht mehr existent.

Tom Pote